CU00701208

GUTE FAHRT!

NIVEAU A1→A2

ALLEMAND 1RE ANNÉE

CAHIER D'ACTIVITÉS

Collection dirigée par

Jean-Pierre Bernardy
Inspecteur Pédagogique Régional – Académie de Créteil

Nils Haldenwang
Professeur certifié
Collège Jean de Beaumont, Villemomble (93)
Formateur associé à l'IUFM - Académie de Créteil

Florence Lozachmeur
Professeur agrégé
Collège de l'Europe, Chelles (77)

Catherine Pavan
Professeur certifié
Collège Travail-Langevin, Bagnolet (93)
Formatrice associée à l'IUFM - Académie de Créteil

Patricia Suissa – Le Scanff
Professeur agrégé
Collège Gabriel Péri, Aubervilliers (93)
Formatrice associée à l'IUFM - Académie de Créteil

Nathan

Édition : La papaye verte, Séverine Bulan
Iconographie : Nadine Gudimard
Illustratrice : Nadine Van der Straeten
Conception de la maquette et mise en pages : Anne-Danielle Naname
Couverture : Grégoire Bourdin

© Éditions Nathan 2009
ISBN 978.2.09.175205.1

N° d'éditeur : 10264936 - Dépôt légal : août 2017
Imprimé en Italie par Grafica Veneta en juin 2020

Sommaire

WILLKOMMEN

Tipp

Dans une conversation, repère le nom des différents personnages présents et associe-leur les informations que tu comprends.

1 Ich bin Lara

→ Manuel p. 12

Hör zu und finde Informationen über die vier Personen.

Mia – Thea Liebermann – Lara – Alexander

Piste 1

Schülerin 1

Name: ....

Wohnort: ....

Alter: ....

Schülerin 3

Name: ....

Alter: ....

Schüler 2

Name: ....

Wohnort: ....

Alter: ....

Lehrerin

Name: ....

2 Ich wohne in ...

➔ Manuel p. 13

a. Hör zu und notiere die Städte.

1. Bring die Buchstaben in die richtige Reihenfolge.

Lukas: (TRUFER) ....   Hanna: (RÜZICH) ....

Wael: (MENTZICH) ....   Julian: (NEWI) ....

Verena: (NONHAVRE) ....

2. Wo liegen die Städte? Schreib den Namen auf die Karte.

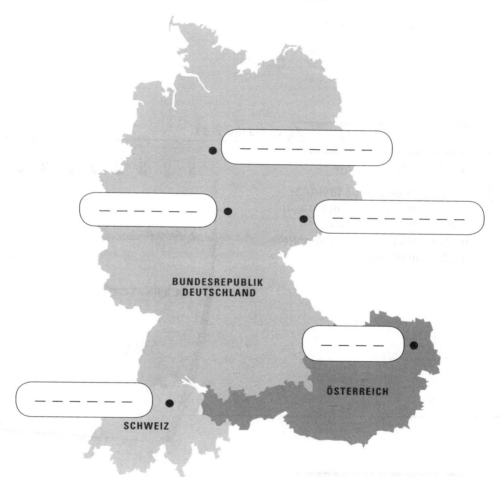

3. Such dir eine Stadt aus und diktiere deinen Mitschülern die entsprechenden Zahlen.
BEISPIEL: Berlin: 1 – 4 – 15 – 10 – 8 – 12

0	1	2	3	4	5	6	7	8	9	10	11	12	13	14	15	16	17	18	19
A	B	C	D	E	F	G	H	I	K	L	M	N	O	P	R	S	T	U	W

Notiere die Städte von deinen Mitschülern.

1. ....   **2.** ....   **3.** ....

4. ....   **5.** ....   **6.** ....

3 Chat-Profil

→ Manuel p. 13

Lies den Chat und füll das Profil der zwei Jungen aus.

Profil

Chatname: timax

Vorname: ....

Wohnort: ....

Alter: ....

Profil

Chatname: matboss

Vorname: ....

Wohnort: ....

Alter: ....

Zwischenstation

→ Manuel p. 13

■ Ich stelle mich vor

a. Such dir eine neue Identität aus und antworte auf die Fragen von deinem Mitschüler.

b. Mach ein Interview und notiere die Informationen.

Name:

Wohnort:

Alter:

Sprechtraining

■ L'alphabet

Écoute et entoure les lettres qui ne se prononcent pas comme en français.

A – B – C – D – E – F – G – H – I – J – K – L – M – N – O – P – Q – R – S – T – U – V – W – X – Y – Z

■ [v]

Écoute les phrases suivantes et répète-les.

Willkommen – Wer bist du? – Ich bin Wilfried. – Wo wohnst du? – Ich wohne in Wien. – Wie alt bist du? – Und du, wie heißt du?

Vokabeln aktiv Willkommen

Exercice 1

Réécris la phrase en rétablissant les espaces, les majuscules et la ponctuation.

Halloichheißetobiasichwohneinleipzigundbinzwölfjahrealt

....

Exercice 2

Un virus a endommagé le fichier. Pose la question pour obtenir l'information qui te manque.

a. Ich heiße ★★✓✿✖ . ...

b. Ich wohne in ▼I✢✿✳ . ...

c. Ich bin ✿○ Jahre alt. ....

Exercice 3 **a. Écris les nombres en chiffres.**

siebzehn: .... zwei: .... elf: ....

vier: .... fünfzehn: .... neun: ....

b. Complète les lettres manquantes pour obtenir un nombre.

| _ _ ns | _ _ ei | dr _ _ | v _ _ r | f _ nf | se _ _ s |
| s _ _ ben | a _ _ t | n _ _ n | z _ _ n | _ lf | z _ _ lf |

c. Écris en toutes lettres.

16: .... 18: .... 13: ....

12: .... 17: .... 7: ....

Exercice 4

Qui est-ce ? Remets les lettres dans l'ordre et trouve le nom de ces personnages célèbres. Épelle ces noms.

| ZOMART | VEETHOBEN | TERBENGUG | DUERF |
| .... | .... | .... | .... |

Willkommen

Tipp

Quand tu lis un texte, repère les mots transparents. Ne traduis pas le texte.

1 Tanja und ihre beste Freundin
→ Manuel p. 14

Lies den Blog und notiere Informationen über Tanja und ihre beste Freundin.

Vorname	Alter	Wohnort	Aktivitäten

2 Und was machst du?
→ Manuel p. 14

Schreib in die Blasen.

Ich ....

Ich ....

Ich ....

Ich ....

3 Im Jugendzentrum
→ Manuel p. 15

Hör zu. Zu welchem Foto passt jede Szene? Was macht Sonja? Und Thomas, Daniel und Leo?

Szene A passt zu Foto .... Sonja ....

Szene B passt zu Foto .... Thomas ....

Szene C passt zu Foto .... Daniel ....

Szene D passt zu Foto .... Leo ....

Vokabeln aktiv Willkommen

Exercice 1   **a.** Trouve quatre noms d'activités dans la grille.

H	C	R	U	S	N	E	S	E	L
A	S	C	H	W	I	M	M	E	N
L	H	H	V	I	N	R	P	H	T
R	E	L	I	T	E	E	O	R	W
E	R	I	E	Z	N	I	X	E	A
M	I	T	R	R	E	V	A	I	Y
N	E	Z	N	A	T	A	K	T	J
A	Z	E	K	G	A	L	Ö	E	K
D	L	O	L	E	K	K	L	N	L
E	I	S	E	N	S	O	F	T	A

1. ....
2. ....
3. ....
4. ....

b. Complète avec le verbe qui convient.

1. Judo .... **2.** Schlagzeug .... **3.** Musik ....

Exercice 2   Regarde les dessins et retrouve quelles activités Stefan et Hanne pratiquent.

a. Er spielt ....

b. ....

c. ....

d. ....

Sprache aktiv Willkommen

Exercice 1

Dans quel dossier vont ces fichiers Word ? Range-les dans le bon dossier.

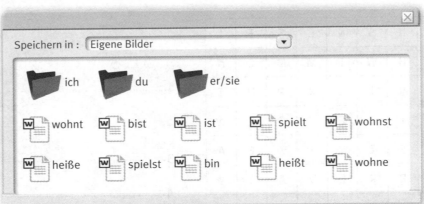

Exercice 2

Présente les personnes suivantes à partir de ces informations.

a Lisa
Mainz
16
Klavier

b Kai
München
12
Judo

c Hanna
Bremen
14
Handball

d Lukas
Leipzig
17
Schwimmen

a. ....

b. ....

c. ....

d. ....

Exercice 3

Internet a un problème. Des mots sur le « chat » sont illisibles.
Complète la discussion avec le verbe qui convient.

```
*** chat.de ***

<poldi11>  Hallo! Ich ..................................... Marko. Wer ..................................... du?
<max879>   Max. Ich ..................................... in Köln. Und wo ..................................... du?
<poldi11>  In Berlin. ..................................... du ein Instrument?
<max879>   Ja, ich ..................................... Elektrogitarre in einer Band. Und Lisa
           ..................................... Schlagzeug.
<poldi11>  Wer ..................................... Lisa?
<max879>   Meine Freundin 😊
```

Was machst du gern?

Station 1

Tipp

Appuie-toi sur l'intonation pour repérer s'il s'agit d'une question ou d'une réponse.

---

1) Wie heißt du? → Manuel p. 18

Hör dir die Interviews an. Welche Frage passt zu welcher Antwort?
BEISPIEL: Frage A passt zu Antwort 2.

Élève Piste 2

5 Aus Albanien.

1 Nein, in Kamen.

3 In Dortmund.

6 Ja, ich bin in der Fußball-AG.

2 Alexander.

4 Ich gehe schwimmen.

7 Das ist die Klassenlehrerin.

Frage	A Wie heißt du?	B Wo wohnst du?	C Woher kommst du?	D Wer ist das?	E Was machst du jetzt?	F Wohnst du in Dortmund?	G Treibst du Sport?
Antwort	2						

2) Wer ist das? → Manuel p. 19

Gruppe 1: Stellt Gruppe 2 Fragen über die vier Personen und füllt die Tabelle aus.
BEISPIEL: Wo wohnt die Person C?

Person	A	B	C	D
Name	Rüya	....	Christine	....
Wohnort	Köln	Jena	....	....
Alter	13	....	....	12
Aktivität	....	Judo machen	schwimmen	....

Gruppe 2: Stellt Gruppe 1 Fragen über die vier Personen und füllt die Tabelle aus.
BEISPIEL: Wo wohnt die Person B?

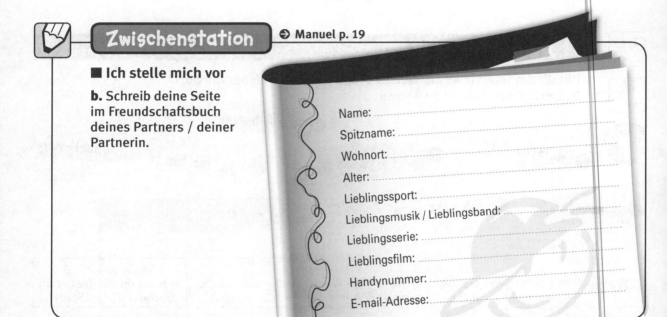

Person	A	B	C	D
Name	....	Stefan	....	Sven
Wohnort	....	....	Lindau	Flensburg
Alter	....	14	15	....
Aktivität	Musik hören	....	....	Handball spielen

Zwischenstation → Manuel p. 19

■ **Ich stelle mich vor**

b. Schreib deine Seite im Freundschaftsbuch deines Partners / deiner Partnerin.

Name: ....
Spitzname: ....
Wohnort: ....
Alter: ....
Lieblingssport: ....
Lieblingsmusik / Lieblingsband: ....
Lieblingsserie: ....
Lieblingsfilm: ....
Handynummer: ....
E-mail-Adresse: ....

Sprechtraining → Manuel p. 18

■ **L'intonation de la phrase (interrogative, déclarative)**

1. Tu vas entendre 5 phrases.

a. Inscris dans la ligne A un point (.) s'il s'agit d'une phrase déclarative ou un point d'interrogation (?) s'il s'agit d'une interrogative globale.

b. Inscris dans la ligne B une flèche descendante (↘) si l'intonation de la phrase descend ou une flèche montante (↗) si l'intonation monte.

		Phrase 1	Phrase 2	Phrase 3	Phrase 4	Phrase 5
A	. ou ?					
B	↘ ou ↗					

2. Réécoute les phrases et répète-les.

Sprache aktiv Station 1

exercice (1) **Relie chaque question à la réponse correspondante.**

Wie heißt du?   •   • In Nürnberg.
Woher kommst du?   •   • 14.
Wo wohnst du?   •   • Nein, ich spiele Klavier.
Wie alt bist du?   •   • Sandra.
Spielst du Schlagzeug?   •   • Aus Deutschland.

exercice (2) **Retrouve les deux questions cachées dans la ligne ci-dessous. Rétablis la ponctuation et les majuscules.**

hallojanwoherkommstduundwasmachstdujetzt

....

exercice (3) **Complète les phrases suivantes avec un mot interrogatif (question partielle) ou ø (question globale).**

a. .... wohnt Anna?   **c.** .... machst du Judo?   **e.** .... treibt Mia Sport?

b. ....kommt Thomas?   **d.** .... alt ist Stefan?   **f.** .... heißt sie?

exercice (4) **a. Voici la carte d'identité de Nadia. Quelles questions poserait une personne qui ne la connaît pas à son sujet ?**

....
....
....

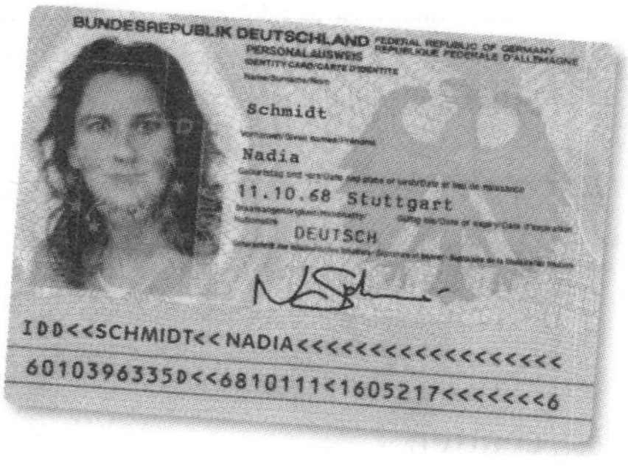

BUNDESREPUBLIK DEUTSCHLAND FEDERAL REPUBLIK OF GERMANY
PERSONALAUSWEIS RÉPUBLIQUE FÉDÉRALE D'ALLEMAGNE
IDENTITY CARD/CARTE D'IDENTITÉ

Schmidt

Nadia

11.10.68 Stuttgart

DEUTSCH

IDD<<SCHMIDT<<NADIA<<<<<<<<<<<<<<<<
6010396335D<<6810111<1605217<<<<<<<6

b. Présente maintenant Nadia.
Sie ....
....
....
....

Station 2

Tipp

Dans une conversation, repère le nom des différents personnages mentionnés et trouve quelles sont leurs activités.

Piste 3

1 Eine Radiosendung

⊘ Manuel p. 20

b. Hör dir jetzt das Interview an. Was macht Lukas gern (♥)? Und Laura? Und Sven?

1. Füll die Tabelle aus.

Aktivitäten		Lukas	Laura	Sven
Tischtennis spielen				
skaten				
reiten				
am Computer spielen				
Romane lesen				
Freunde treffen				
Fußball spielen				
Mangas zeichnen				
chatten				
*fern*sehen				
Videos machen				

2. Richtig (R) oder falsch (F)? Kreuze an.

	R	F
– Lukas reitet gern.	☐	☐
– Sven sieht nicht gern fern.	☐	☐
– Lukas liest nicht gern.	☐	☐
– Sven chattet nicht gern.	☐	☐
– Laura spielt gern Fußball.	☐	☐
– Laura spielt gern am Computer.	☐	☐
– Sven trifft gern Freunde.	☐	☐
– Sven macht nicht gern Videos.	☐	☐
– Sven zeichnet gern.	☐	☐

c. Was machen sie nicht gern (✖)? Füll die Tabelle aus (s. 16).

Zwischenstation → Manuel p. 21

■ Meine Freizeit

Was machst du gern in deiner Freizeit? Kreuze an.

☐ Tennis / Fußball / Handball spielen   ☐ chatten
☐ schwimmen   ☐ zeichnen
☐ skaten   ☐ Videos machen
☐ reiten   ☐ Freunde treffen
☐ lesen   ☐ Musik hören
☐ *fern*sehen   ☐ Judo machen
☐ am Computer spielen   ☐ Gitarre / Klavier / Flöte / Schlagzeug spielen

Sprechtraining → Manuel p. 20

■ « h » en début de mot : [h]

1. Tu vas entendre 10 mots. Commencent-ils par un «h» ? Coche la bonne réponse.

	1	2	3	4	5	6	7	8	9	10
h										
ø										

2. Réécoute ces mots et répète-les.

Sprache aktiv Station 2

Exercice 1 Vanessa a pris des notes sur les activités de ses camarades pendant l'interview. Complète son article en conjuguant les verbes suivants au présent.

treffen – zeichnen – lesen – reiten – machen – sehen

Lukas aus der Klasse 9c .... gern. Er spielt gern Tischtennis, er skatet und .... gern.

Laura (8a) ist auch sportlich: Fußball ist ihr Lieblingssport.

Sven aus der 10b .... gern Freunde. Er chattet gern, er .... auch gern Videos und

.... Mangas. Er .... natürlich auch gern fern.

Exercice 2 Regarde le tableau.

Susanne	♥	✗	♥	♥	✗
Hannes	✗	✗	♥	♥	♥

a. Décris ce que Susanne et Hannes aiment faire.

....
....
....
....
....

b. Décris ce qu'ils n'aiment pas faire.

....
....
....
....
....

Station 3

─── **Tipp** ───

Avant de lire un texte, regarde attentivement tout ce qui l'entoure : les illustrations, les photos, les titres et les légendes.

1 Wir suchen ... ➔ Manuel p. 22

a. Lies die Anzeige. Kreuze an, was stimmt.

1. Wo machen die Mädchen mit?

❑ bei der Theater-AG ❑ bei der Fußball-AG ❑ bei der Tennis-AG

2. Was sucht die AG?

❑ Mädchen ❑ Jungen ❑ Lehrer

3. Wann ist die AG?

❑ Am Montag ❑ Am Dienstag ❑ Am Mittwoch ❑ Am Donnerstag ❑ Am Freitag

4. Ein Mädchen stellt sich vor. Was sagt sie?

Ich bin ....

Ich bin ....

Ich kann ....

Ich kann ....

b. Was sagen die Mädchen der Fußball-AG?

Wir sind ....

....

Wir können ....

....

2 Noch mehr AGs ➔ Manuel p. 23

a. Lies die Anzeige (manuel p. 23).

1. Was sucht die Radio-AG?

❑ Schülerinnen ❑ Schüler ❑ Schülerinnen und Schüler

2. Die Radio-AG sucht

❑ 2
❑ 3   Toningenieure.
❑ 4

3. Die Schüler der Radio-AG sind

❑ dynamisch ❑ sportlich ❑ kreativ ❑ solidarisch

4. Die AG ist am

❑ Montag ❑ Dienstag ❑ Mittwoch ❑ Donnerstag ❑ Freitag

b. Schreib dann eine Anzeige für die Rap-AG.

Rap-AG

An alle ....

Die Rap-AG ....
....
....
....

Treffpunkt ....

- cool
- singen
- texten
- tanzen
- Rap-AG
- Rap-Fans
- am Dienstag
- am Mittwoch

Zwischenstation   ➔ Manuel p. 23

■ Bei einer AG mitmachen

Wer bist du? Was kannst du? Kreuze an.

Ich bin
- ☐ ein Junge.
- ☐ ein Mädchen.
- ☐ dynamisch.
- ☐ kreativ.
- ☐ musikalisch.
- ☐ solidarisch.
- ☐ sportlich.
- ☐ ein Technik-Freak.

Ich kann
- ☐ Fußball spielen.
- ☐ singen.
- ☐ texten.
- ☐ in einem Team spielen.
- ☐ Sounds mixen.
- ☐ tanzen.
- ☐ ein Instrument spielen.

Sprechtraining   ➔ Manuel p. 22

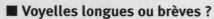

■ Voyelles longues ou brèves ?

1. Tu vas entendre 10 mots. Coche bref ou long selon ce que tu entends.

	1	2	3	4	5	6	7	8	9	10
bref										
long										

2. Réécoute et répète les mots en respectant la longueur des voyelles.

Sprache aktiv Station 3

Exercice 1 Complète par le pronom personnel qui convient.

a. Macht .... bei der Theater-AG mit? – Toll, ... machen auch mit!

b. Hallo! .... heißen Bastian und Maren, ... sind absolute Manga-Fans.

c. Spielt .... auch gern Volleyball? Dann treffen .... uns in der Sporthalle um 14 Uhr.

d. .... können singen und Instrumente spielen. Und ...., seid .... auch musikalisch?

Exercice 2 Lis le tableau et indique ce que savent faire ces jeunes Allemands et ce qu'ils ne savent pas faire.

	⊕	⊖
Matthias und Alexander	Gitarre spielen	tanzen
Stefanie und Tina	reiten	Judo machen
Jens und Sandra	Englisch sprechen, lesen und schreiben	singen

a. Matthias und Alexander können gut Gitarre spielen. ....

b. Stefanie und ....

....

c. ....

Exercice 3 Lis ce que se disent Tom et Jonas.

Tim et Tom ont la même conversation avec Jonas et Janis. Complète les bulles au pluriel.

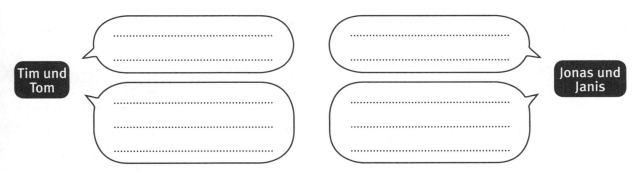

Vokabeln aktiv

 Freizeitaktivitäten

Que font Anton, Kim et Julia pendant leur temps libre ?

Anton ....

Kim ....

Julia ....

....

....

....

....

....

....

....

....

....

Exercice **Zahlenpuzzle**

À l'aide des ballons, compose 10 nombres différents (jusqu'à 49). Écris-les en toutes lettres.

Exemple : = dreiundzwanzig

1. ....

2. ....

3. ....

4. ....

5. ....

6. ....

7. ....

8. ....

9. ....

10. ....

Jetzt kannst du's!

1 Wer sind sie?

➔ Manuel p. 28

Ces deux adolescents se présentent.
J'ai su indiquer pour chacun d'entre eux :

	Adolescent 1	Adolescent 2	Score
1. le nom	....	....	☐ 20%
2. l'âge	....	....	☐ 20%
3. les loisirs	....	....	☐ 40%
4. le pays d'origine	....	....	☐ 20%

MON SCORE ☹ 20% ☹ 40% 😐 60% 🙂 80% 😀 100%
☐ ☐ ☐ ☐ ☐

2 Das bin ich!

➔ Manuel p. 28

Tu es nouvel élève dans une classe allemande. À la demande de ton professeur, tu vas te présenter à la classe.

Score

1. J'ai salué mes camarades de classe. ☐ 20%

2. J'ai dit comment je m'appelle. ☐ 20%

3. J'ai donné mon âge. ☐ 20%

4. J'ai dit où j'habite. ☐ 20%

5. J'ai parlé de mes loisirs et de ce que je sais faire. ☐ 20%

MON SCORE ☹ 20% ☹ 40% 😐 60% 🙂 80% 😀 100%
☐ ☐ ☐ ☐ ☐

L'élève A choisit un correspondant parmi les 4 jeunes qui se présentent. L'élève B pose des questions à l'élève A sur son identité.

1 Jörg
14
Berlin
Hobbys: Judo, lesen

3 Leonie
12
Hamburg
Hobbys: reiten, Freunde treffen

2 Stefan
13
Dresden
Hobbys: schwimmen, zeichnen

4 Annalena
15
Dortmund
Hobbys: tanzen, Klavier spielen

Élève A
J'ai su dire :

1. comment je m'appelle.
2. quel âge j'ai.
3. de quelle ville je viens.
4. quels sont mes loisirs.

Score
- ☐ 20%
- ☐ 20%
- ☐ 20%
- ☐ 40%

Élève B
J'ai su demander :

1. comment il / elle s'appelle.
2. quel âge il / elle a.
3. de quelle ville il / elle vient.
4. quels sont ses loisirs.

Score
- ☐ 20%
- ☐ 20%
- ☐ 20%
- ☐ 40%

MON SCORE
☹	☹	😐	🙂	😊
20%	40%	60%	80%	100%
☐	☐	☐	☐	☐

Hannas Steckbrief

Name und Vorname ....

....

....

....

....

Lis le message et écris la fiche d'identité de son auteur.

J'ai su indiquer :

1. son nom et son prénom.
2. la ville où elle habite.
3. son âge.
4. ses loisirs.
5. sa musique préférée.

Score
- ☐ 20%
- ☐ 20%
- ☐ 20%
- ☐ 20%
- ☐ 20%

MON SCORE
☹	☹	😐	🙂	😊
20%	40%	60%	80%	100%
☐	☐	☐	☐	☐

Station 1

→ Manuel p. 32

Tipp

Dans une conversation, repère le nom des personnes pour savoir de qui on parle et note toutes les informations qui les concernent.

Piste 4

1 Besuch aus Frankreich

b. Hör zu und notiere Informationen über Janas Familie. Füll die Tabelle aus.
Peter – Leo – Irene – Valentina – Katharina – Marie – Richard – Karola – Bruno

	Vorname	Alter	weitere Informationen
Großvater			
Großmutter			
Vater			
Mutter			
Bruder			
Schwester			
Onkel			
Tante			
Cousine			

Stell Janas Familie vor.
BEISPIEL:

Valentina ⟶ Jana

...........Valentina ist Janas Tante...........

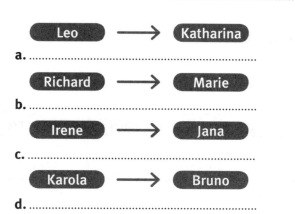

Leo ⟶ Katharina
a. ....

Richard ⟶ Marie
b. ....

Irene ⟶ Jana
c. ....

Karola ⟶ Bruno
d. ....

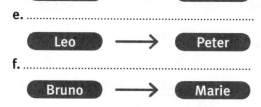

Marie ⟶ Valentina
e. ....

Leo ⟶ Peter
f. ....

Bruno ⟶ Marie
g. ....

Karola ⟶ Katharina
h. ....

2 Glückwunsch!

➜ Manuel p. 33

a. Lies die Anzeigen (S. 33) und ergänze den Stammbaum der zwei Familien.

Familie Meyer

der Großvater   die Großmutter

die Großmutter

der Vater   die Mutter

der Sohn   die Tochter

Familie Krupp

der Großvater   die Großmutter

der Vater   die Mutter

der Sohn   die Tochter

Zwischenstation

➜ Manuel p. 33

■ Seine Familie vorstellen

Notiere Informationen über deine Familie und die Familie von einem Mitschüler (Vorname, Alter, …).

	Meine Familie	Die Familie von meinem Mitschüler
Großmutter		
Großvater		
Mutter		
Vater		
Bruder		
Schwester		

Sprechtraining

➜ Manuel p. 32

■ [r] ou [ɐ]

1. Coche selon ce que tu entends : [r] ou [ɐ].

	Mutter	reiten	hören	Kinder	Bruder	sprechen	Computer	fahren	Klavier
[r]									
[ɐ]									

2. Réécoute les mots et répète-les.

Sprache aktiv Station 1

Exercice **1** Lis cette devinette et trouve qui est Fabian.

Jans Großvater heißt Bernd.   Björns Bruder heißt Fabian.
Bernds Sohn heißt Björn.   Jans Vater heißt Björn.

Wer ist Fabian für Jan?

Fabian ist ....

Exercice **2** Choisis l'un des membres de cette famille et présente-le.

die Eltern   die Kinder

Hannah	Karl	Mia	Lena	Lars
37 Jahre	35 Jahre	8 Jahre	15 Jahre	17 Jahre
Architektin	Lehrer	-	-	-

....

....

....

Exercice **3** Présente les familles de Lukas et Eva.

Exemple : Sein Vater heißt ..., ihr Vater heißt ...

	Lukas Familie	Evas Familie
Vater	Jürgen	Hans
Mutter	Birgit	Angela
Bruder	Niklas	Sven
Schwester	Paula	Tina

....

....

....

....

Station 2

Tipp

→ Quand tu lis un texte, repère les indications chiffrées.

1 Megaspaß im Freizeitpark → Manuel p. 34

a. Lies den Prospekt.
Wann ist der Park geöffnet?

....

....

....

b. Was kostet der Eintritt für die Familie
Bansemer und Janas Partnerin?

....

....

....

Europa-Park Rust

Öffnungszeiten
Der Park ist täglich von 9.00 Uhr
bis 18.00 Uhr geöffnet.

Der Europa-Park bietet Ihnen
Spaß und Action mit seinen
Shows und Attraktionen.

Preise
Kinder bis 3 Jahre: frei
Kinder (4-11 Jahre): 28,00 EUR
Erwachsene: 31,50 EUR

2 Am Imbissstand → Manuel p. 34

a. Hör dir den Dialog an.
Was möchten Jana, Julie und die Eltern essen und trinken? Assoziiere.

Piste 5

 die Bratwurst

 Vater

 der Kartoffelsalat

 das Fischfilet

 Mutter

 der Apfelsaft

 das Schaschlik

 Jana

 das Mineralwasser

 die Portion Pommes

 Julie

 der Eistee

b. Was kostet das?

....

3 Im Souvenirgeschäft
→ Manuel p. 35

Wer kauft was?

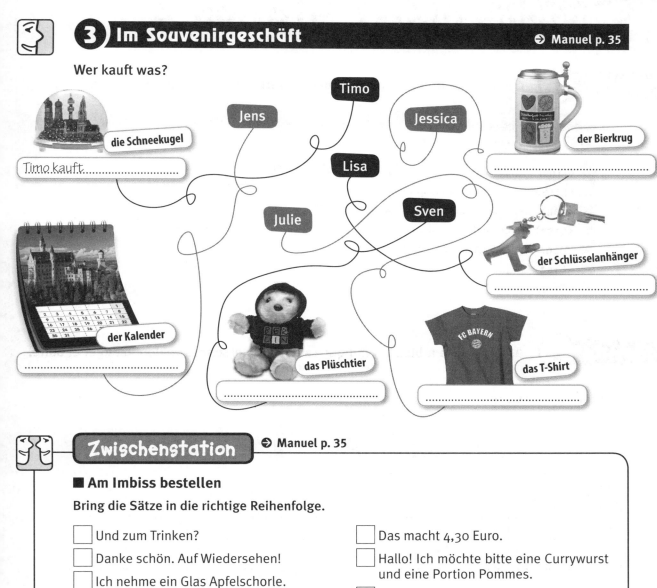

die Schneekugel

Jens

Timo

Jessica

der Bierkrug

Timo kauft...............................

....

Lisa

Julie

Sven

der Schlüsselanhänger

....

der Kalender

das Plüschtier

das T-Shirt

....

....

....

Zwischenstation
→ Manuel p. 35

■ Am Imbiss bestellen

Bring die Sätze in die richtige Reihenfolge.

☐ Und zum Trinken?

☐ Danke schön. Auf Wiedersehen!

☐ Ich nehme ein Glas Apfelschorle.

☐ Guten Tag, Sie wünschen?

☐ Das macht 4,30 Euro.

☐ Hallo! Ich möchte bitte eine Currywurst und eine Portion Pommes.

☐ Hier bitte!

Sprechtraining
→ Manuel p. 34

■ Les diphtongues [aɪ] et [ɔY]

1. Coche si tu entends le son [aɪ], [ɔY] ou une autre voyelle.

	1	2	3	4	5	6	7	8	9	10
[aɪ]										
[ɔY]										
autre voyelle										

2. Réécoute les mots et répète-les.

Sprache aktiv Station 2

Exercice ① Complète le « chat » en conjuguant le verbe *wollen* à la forme qui convient.

```
*** chat.de ***
<Tina> ............................................. ihr ins Eiscafé gehen?
<Lisa> ............................................. wir nicht lieber ins Kino?
<Jan>  Was ...................................... du sehen?
<Lisa> Marco und Tina ..................................... bestimmt einen Liebesfilm sehen, lol.
<Jan>  Und warum nicht 'Saw 5'?
<Lisa> Oh ja! Ich ..................................... einen Thriller sehen.
<Tina> Meine Mutter ..................................... nicht.
```

Exercice ② **a.** Regarde le tableau et indique ce que ces personnes veulent manger et boire.

b. Et toi ? Que veux-tu ?

Lisa		X	X		X
Katja und Tom	X			X	
Ich					

Lisa ....

....

Katja und Tom ....

Ich ....

Exercice ③ Décrypte les mots pour retrouver ce que Thomas achète. (Vérifie le genre des mots.) Indice : ◆ = B

a. ✎ ☉ ● ♣ ✛ △ ✳ ❤ ☞ ☼ Er kauft ein Plüschtier.

b. ◆ ✝ ✛ △ Er kauft ....

c. ◆ ☼ ♨ ✳ ❖ ✝ ☼ ♣ ✳ ....

d. ■ ♨ ☉ ☞ ♜ \ ☞ ☼ ....

Tipp

Apprends à repérer les mots-clés d'une phrase négative pour mieux comprendre ce qu'une personne ne veut pas ou ne peut pas faire.

1 Wer will mich begleiten?

→ Manuel p. 36

a. Lies den Chat. Was möchte Melanie? Kreuze an.

☐ ins Open-Air-Kino gehen

☐ ein Konzert besuchen

☐ in einen Freizeitpark gehen

*** chat.de ***   **Profil**

🐾 **‹Melanie›** Gratis Open-Air-Konzert in Köln am Sonntag. Rock und Rap. Wer kommt mit?

🐛 **‹Tobias›** Das geht nicht. Ich habe kein Geld für das Bahnticket.

🐦 **‹Eva›** Rock, ok, aber Rap find' ich doof. Keine Lust, ohne mich!

🌳 **‹Martin›** Warum nicht? Ich finde es cool. Sehe ich dich am Bahnhof?

🐾 **‹Melanie›** Prima! Ja, am Bahnhof um 19.30 Uhr.

🐧 **‹Tina›** Einverstanden. Hoffentlich singt Bushido. Ich finde ihn so süß! 😊

🐾 **‹Melanie›** Toll! Also bis Sonntag. Und du Katrin? Möchtest du auch kommen?

🐠 **‹Katrin›** Tut mir leid, aber meine Eltern sind nicht einverstanden. 😣

🐾 **‹Melanie›** Schade.

---

b. 1. Wer will sie begleiten? Wer nicht? Kreuze den richtigen Namen an.

Tobias	Eva	Martin	Tina	Katrin	
☐	☐	☐	☐	☐	will sie gern begleiten.
☐	☐	☐	☐	☐	will sie nicht begleiten.
☐	☐	☐	☐	☐	kann sie nicht begleiten.

2. Warum kommen sie nicht? Füll den Text mit einem Subjekt (Namen oder Pronomen) aus.

.... geht nicht ins Konzert: .... hat nämlich kein Geld.

.... kommt nicht: .... hört nicht gern Rap.

.... möchte gern kommen, aber ihre Eltern sagen nein.

3. Mach jetzt deine Bilanz. Unterstreiche im Chat die positiven Antworten mit einem blauen Stift und die negativen Antworten mit einem roten Stift.

3 Zoobesuch

Familie Schmidt ist im Zoo. Hör dir die Dialoge an.

Welche Tiere sehen sie? Kreuze an.
Familie Schmidt sieht:

☐ einen Tiger   ☐ ein Känguruh
☐ Gorillas   ☐ ein Elefantenbaby
☐ eine Giraffe   ☐ einen Panda
☐ ein Krokodil   ☐ einen Löwen

Wie finden sie die Tiere? Assoziiere jedes Tier mit einem Adjektiv.

der Tiger •   • nicht gefährlich

das Känguruh •   • schön

die Gorillas •   • süß

die Giraffe •   • klein

der Panda •   • groß

das Elefantenbaby •   • lustig

Schreib eine kurze Zusammenfassung.
Beispiel: Sie sehen einen Tiger. Die Mutter findet ihn...

....

....

....

....

....

Sprechtraining   → Manuel p. 36

■ [ɔ] ou [oː]

1. Écoute les mots suivants et coche la case correspondant au son que tu entends.

	kommen	toll	wollen	Sonntag	Rock	doof	ohne	Hof	so	Zoo
[ɔ]										
[oː]										

2. Écoute à nouveau les mots et répète-les correctement.

Sprache aktiv Station 3

Exercice 1 Christian a écrit un mail à son correspondant pour présenter sa famille, mais il a inventé quelques détails. Regarde son arbre généalogique, lis le mail et complète les trois phrases pour rétablir la vérité.

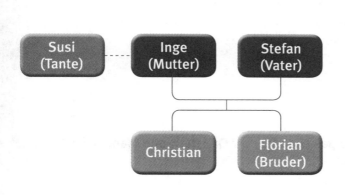

Hallo, ich heiße Christian. Ich habe eine Schwester und einen Bruder. Er heißt Florian. Stefan ist mein Vater. Meine Mutter, Inge, hat eine Schwester, das ist Susi. Sie hat ein Kind. Meine Mutter hat auch einen Bruder.

Tschüs

Christian

a. Christian hat einen Bruder, aber er hat ....

b. Christians Tante hat ....

c. Christians Mutter hat ....

Exercice 2 Complète les phrases avec l'un des pronoms à l'accusatif suivants :
ihn – sie – mich – es – dich – mich

a. Mein Bruder kommt heute zu Besuch. Willst du .... sehen?

b. Komm heute um 19 Uhr, ich lade .... zum Abendessen ein!

c. Judith interessiert sich für Detektivgeschichten. „Ich kaufe dieses Buch, das ist etwas für ...."

d. Ich habe die Cola und die Limo vom Imbiss. Aber du findest .... auch im Getränkeautomaten.

e. Annabella, ich fahre in die Stadt. Willst du .... begleiten?

f. Das Fotoalbum ist von meiner Großmutter. Möchtest du .... sehen?

Vokabeln aktiv

À quels liens de parenté correspondent les mots anglais suivants ? Complète en allemand.

a. mother: ....

b. grandfather: ....

c. daughter: ....

d. brother: ....

e. sister: ....

f. son: ....

Exercice (2)   Zum Essen

Svenja est végétarienne. Que ne mange-t-elle pas chez Mario ? Que peut-elle manger ?

Bei Mario	
Tomatensalat	2,30 EUR
Frikadelle	2,50 EUR
Hotdog	2,00 EUR
Pizza mit Mais und Paprika	2,80 EUR
Pizza mit Salami	2,90 EUR
Hamburger	1,90 EUR
Currywurst	2,20 EUR

....

....

....

....

....

Exercice (3)   Zum Trinken

Complète le nom des aliments et des boissons dans la grille.

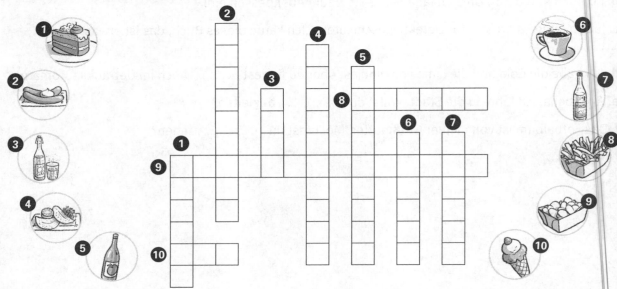

Jetzt kannst du's!

1 Eine Familie stellt sich vor
→ Manuel p. 42

Écoute la présentation de cette famille.

J'ai su répérer :

1. la ville où elle habite.
2. son nom.
3. le prénom des parents et des enfants.
4. leur âge.
5. la profession des parents.

Score
☐ 20%
☐ 20%
☐ 20%
☐ 20%
☐ 20%

MON SCORE ☹ 20% ☹ 40% 😐 60% 🙂 80% 😊 100%
☐ ☐ ☐ ☐ ☐

2 Das ist Familie Kübler
→ Manuel p. 42

Lis les notes sur la famille Kübler.

Familie Kübler

Köln

Eltern:
Katja (38) → Architektin
Lars (37) → Sportreporter

2 Kinder:
Fabian (14) → Handball
Laura (11) → schwimmen

J'ai su indiquer :

1. la ville où elle habite.
2. le prénom des parents et des enfants.
3. leur âge.
4. la profession des parents.
5. les loisirs des enfants.

Score
☐ 20%
☐ 20%
☐ 20%
☐ 20%
☐ 20%

MON SCORE ☹ 20% ☹ 40% 😐 60% 🙂 80% 😊 100%
☐ ☐ ☐ ☐ ☐

3 Tolle Idee?

→ Manuel p. 43

Lis les échanges entre Britta et Corinna.

1
Britta: Kommst du heute Abend mit ins Kino?
Es läuft der neueste Film mit Brad Pitt.
Corinna: Brad Pitt find' ich doof. →

2
Britta: Gehen wir am Samstag um 15.30 Uhr
schwimmen? **Corinna:** Keine Zeit. Ich habe
Klavierstunde. →

3
Britta: Wir sind gerade am Computer.
Hast du Lust mitzuspielen?
Corinna: Warum nicht? Was macht ihr?
Britta: Memory-Spiele.
Corinna: Gut, ich komme gleich. →

4
Britta: Willst du mit mir shoppen gehen?
Corinna: Danke, ich habe kein Geld. →

J'ai su repérer :

	Score
1. les propositions qui sont faites à Corinna.	☐ 40%
2. dans quel « chat » Corinna accepte.	☐ 30%
3. dans quel chat Corinna refuse.	☐ 30%

MON SCORE ☹ 20% ☹ 40% 😐 60% 🙂 80% 😊 100%
☐ ☐ ☐ ☐ ☐

4 Eine Einladung

→ Manuel p. 43

Sven t'invite à une fête. Lis son invitation et réponds-lui par mail.

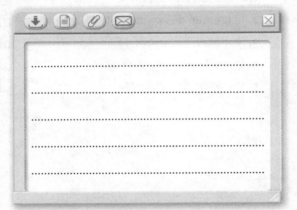

J'ai su :

	Score
1. le remercier.	☐ 20%
2. exprimer mon enthousiasme.	☐ 20%
3. lui dire que j'aimerais venir.	☐ 20%
4. lui dire que ce n'est pas possible et pourquoi.	☐ 40%

MON SCORE ☹ 20% ☹ 40% 😐 60% 🙂 80% 😊 100%
☐ ☐ ☐ ☐ ☐

KAPITEL 3 Meine Freunde und ich

Station 1

Tipp

→ Quand tu lis un texte, repère toutes les informations utiles pour caractériser les personnages.

---

❶ Namen haben Charakter
⊖ Manuel p. 46

Lies die Karten. Was ist typisch für eine Ruth, einen Felix und eine Caroline? Füll die Tabelle aus.

	ist ...	hat ...	kann ...	mag ...
Ruth	– – –	– –		– – –
Felix	– – – – –	–	–	
Caroline	– – –	–	–	–

---

❷ Ein Podium für junge Talente
⊖ Manuel p. 46

a. Hör dir den Dialog an. Wie sind Ruth (R), Felix (F), und Caroline (C)?

Wer ist so?	**Wer kann das?**	
manchmal gestresst	Bassgitarre spielen	Texte schreiben ....
nicht schüchtern	Gitarre spielen	singen ....
sehr kreativ	Schlagzeug spielen	gut organisieren............
spontan	komponieren	gut zuhören ....

b. Stimmen also die Informationen auf den Karten? (⊖ Manuel p. 46)

Ruth ist eine/keine typische Ruth, weil ....

Die Informationen auf Felix' Karte stimmen (nicht), weil ....

....

Die Informationen auf Carolines Karte stimmen (nicht), weil ....

....

3 Mitbewohner gesucht!

➜ Manuel p. 47

a. Lies die Anzeige. Wie sind Selma, Argentina und Jan?

b. Wie soll der gesuchte Mitbewohner sein?

Selma, Argentina und Jan sind: Der gesuchte Mitbewohner soll:

– ....   – ....

– ....   – ....

– ....

c. In der WG von Selma, Argentina und Jan.

• GRUPPE A: Du bist ein Kandidat. Notiere Informationen über deine Rolle.

Name + Vorname: ....   Alter: ....

Charaktereigenschaften (wie ich bin): ....

Fähigkeiten (was ich kann): ....

Hobbys (was ich mag + was ich gern mache): ....

....

• GRUPPE B: Du spielst die Rolle von Selma oder von Jan. Was fragst du den Kandidaten?
Notiere folgende Informationen über drei potenzielle Mitbewohner.
BEISPIEL: Magst du Tiere?

	Kandidat Nr. 1	Kandidat Nr. 2	Kandidat Nr. 3
Name			
Alter			
Charaktereigenschaften			
Was er kann			
Was er mag und was er gern macht			

Sprechtraining

➜ Manuel p. 46

■ L'inflexion des voyelles

1. Écoute les mots suivants et répète-les.

Name – spontan – Mädchen – hebräisch – Person – Podium – schön – hören – Gruppe – jung – schüchtern – glücklich

2. Tu vas entendre 12 mots. Complète-les par la lettre qui manque.

a ou ä ? norm......l – symp......thisch – m......g – ......ktivit......t

o ou ö ? pers......nlich – v......rstellen – w......hnen – m......gen

u ou ü ? T......bingen – nat......rlich – k......rz – p......nktlich

Sprache aktiv Station 1

Exercice 1 Reformule les énoncés en utilisant le verbe *mögen*.

Exemple : *Ich spiele gern Tennis.* → *Ich mag Tennis.*

a. Julia hat drei Katzen, einen Goldfisch und einen Hund. ......Julia mag Katzen Goldfischen etc

b. Wir trinken gern Cola. ......Wir mögen Cola......

c. Ihr seid sportlich. ......Ihr mägt Sport......

d. Ich höre gern Rockmusik. ......Ich mag Rockmusik......

e. Du isst gern Hotdog. ......Du magst Hotdogen......

f. Sara und Aurel gehen gern in die Schule. ......Sara und Aurel mäg die Schule.

Exercice 2 Voici des informations sur Nadine et sur deux bandes de copains. À ton avis, à quel groupe d'amis appartient Nadine ? Justifie ton choix.

Nadine: musikalisch – tierlieb – sportlich

Clique 1:

Wir sind aktive Radfahrer. Wenn dein Fahrrad kaputt ist, helfen wir dir gern. Wir reparieren aber nicht nur Fahrräder. Wir organisieren auch Radtouren, wir besuchen zusammen Konzerte und gehen gern ins Theater.

Clique 2:

In der Schule lernen wir Spanisch. Im Sommer wollen wir nach Madrid. Wir interessieren uns sehr für die spanische Kultur: für das Essen, die Musik, die Literatur... Corrida mögen wir aber nicht.

Nadine gehört zur Clique ...., weil ....

....

Exercice 3 Choisis un(e) ami(e) et explique pourquoi tu t'entends bien avec lui (elle).

Ich verstehe mich gut mit ...., weil ....

....

....

....

Station 2

Tipp

Concentre-toi sur les mots accentués, ils t'indiquent l'essentiel du message.

1 Was können wir am Samstag machen? → Manuel p. 48

Piste 7

a. Hör dir den Dialog zwischen Tobias und Lars an.
b. Welche Aktivitäten hörst du? Kreuze an.

	ja	nein		ja	nein
in den Zoo gehen			in die Disco gehen		
Bowling spielen			ins Kino gehen		
ins Schwimmbad gehen			ins Konzert gehen		
auf den Dom gehen			ins Eiscafé gehen		
in ein Museum gehen			Schlittschuh laufen gehen		

c. Was können sie bei schönem Wetter machen? Und bei schlechtem Wetter?
Füll die Tabelle aus.

Bei schönem Wetter können sie...	Bei schlechtem Wetter können sie...
•	• ....
•	• ....
	• ....

d. Was ist ihr Programm für Samstagabend?

Am Samstagabend ....

....

2 Wie ist das Wetter heute? → Manuel p. 49

b. Lies die Wetterkarte (s. 49).
Was ist A, und B, und C? Schreib die Legende zu jedem Foto
und rechtfertige deine Antwort.

Foto A ist ....,   Foto B ist ....,   Foto C ist ....,

weil ....   weil ....   weil ....

Zwischenstation → Manuel p. 49

■ Meine Aktivitäten bei Sonne und bei Regen

Wie ist das Wetter heute bei dir? Was kannst du also machen? Mach dir Notizen und sprich.

	☀	🌧	❄
		Ich kann ins Kino gehen.	

Sprechtraining → Manuel p. 48

Classe

■ [ç] ou [ʃ]

1. Écoute les mots et coche le ou les sons que tu entends.

	[ç]	[ʃ]		[ç]	[ʃ]
Schlittschuh			richtig		
sprechen			Freundschaft		
schreiben			vielleicht		
sonnig			Schwimmbad		
Schnee			falsch		

2. Maintenant réécoute et répète les mots correctement.

3. Entraîne-toi à lire à haute voix les mots suivants.

schön – regnerisch – dynamisch – Mannschaft – Schule – nicht – schlafen – schwimmen

Exercice 1 Remplis la grille avec la conjugaison du verbe *können* au présent et découvre l'activité préférée de Jonas.

1 : *können* à la 2ᵉ personne du singulier
2 : *können* à la 1ʳᵉ personne du pluriel
3 : *können* à la 1ʳᵉ personne du singulier
4 : *können* à la 2ᵉ personne du pluriel
5 : *können* à la 3ᵉ personne du pluriel
6 : *können* à la 3ᵉ personne du singulier

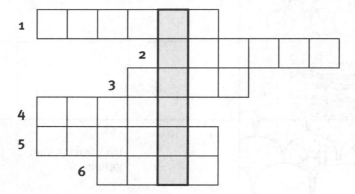

Bei schönem Wetter ist .... Jonas' Lieblingsaktivität.

Exercice 2 Regarde les dessins et complète les dialogues suivants avec le verbe *können* au présent.

Am Samstag mache ich eine Party. .... ihr auch kommen?

Toll! Ich bringe Musik mit, und ich .... auch einen Kuchen backen. Aber Bastian hat Fußball, er .... nicht kommen.

こんにちは！

Entschuldigung, ich .... kein Japanisch! .... Sie Englisch?

.... du mir helfen?

Ja, wir .... morgen zusammen lernen.

Station 3

Tipp

 Appuie-toi sur les mots que tu connais et sur le ton utilisé. Tu pourras alors détecter le problème qui se pose et comprendre la réaction des personnages face à ce problème.

1 Hilfe!

→ Manuel p. 50

Pistes 8-10

a. Hör dir die Dialoge 1 und 2 an. Was für ein Problem haben Jens und Anika? Kreuze an, was stimmt.

Jens
- ☐ ist nicht gut in Französisch.
- ☐ hat ein Problem in Mathematik.
- ☐ versteht eine Aufgabe in Französisch nicht.

Charlotte kann…
- ☐ ihm helfen.
- ☐ ihm nicht helfen.

Anika
- ☐ kann auf dem Computer keine Musik hören.
- ☐ versteht nicht, wie der CD-Player funktioniert.
- ☐ kann ihre Stereoanlage nicht reparieren.

Benjamin kann…
- ☐ ihr helfen.
- ☐ ihr nicht helfen.

b. Hör dir noch einmal die Dialoge an. Wie helfen die Freunde ganz konkret?

Charlotte: ....

Benjamin: ....

c. Und was ist mit Silke? Hör dir den Dialog 3 an.

Silke hat ein Problem: ....

Chiara kann…   ☐ ihr helfen.   ☐ ihr nicht helfen.

Sie ....

② Kein Problem!

➔ Manuel p. 51

Klaus hat ein Problem. Verena hilft ihm. Wer sagt das? Klaus oder Verena? Schreib den richtigen Vornamen und bring die Sätze in die richtige Reihenfolge.

........................: Kannst du mir dein Handy leihen? ☐

........................: Ich möchte meine Mutter anrufen. ☐

........................: Aber ich kann dir 30 Cent geben. ☐

........................: Entschuldigung, ich habe ein Problem. ☐

........................: Sicher kann ich dir helfen. ☐

........................: Kannst du mir bitte helfen? ☐

........................: Ich habe mein Handy nicht dabei. ☐

........................: Danke. Das ist nett von dir. ☐

........................: Aber mein Handy ist kaputt. ☐

Zwischenstation

➔ Manuel p. 51

■ Geschenke machen

Jenny mag Fußball. Sie ist kreativ. Karl ist ein Computerfreak. Er interessiert sich für Kultur. Karl und Jenny haben bald Geburtstag. Was kannst du ihm / ihr schenken?

eine Kappe vom FC Bayern München – einen Kalender – eine DVD – ein Computerspiel

Jenny	**Karl**
Ich kann	Ich kann ....
....	....
....	....

Sprechtraining

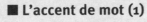

➔ Manuel p. 50

■ L'accent de mot (1)

1. Tu vas entendre 10 mots. Sur quelle syllabe chaque mot est-il accentué ?

Coche « 1re syllabe » si le mot est accentué sur la première syllabe et « autre syllabe » si le mot est accentué sur une autre syllabe.

	1re syllabe	autre syllabe		1re syllabe	autre syllabe
Freundin			reparieren		
Problem			Katastrophe		
helfen			kaputt		
natürlich			Bruder		
Arbeit			leihen		

2. Réécoute et répète les mots en insistant bien sur la syllabe accentuée.

Sprache aktiv Station 3

Exercice 1 Complète les dialogues à l'aide des pronoms personnels *mir, dir, ihr, ihm*.

Dialogue 1

Charlotte: Hallo Brüderchen! Jens hat angerufen. Er versteht nichts in Mathematik.

Philipp: Oje, ich kann .... nicht helfen.

Charlotte: Aber ich!

Dialogue 2

Mutter: Was machst du denn? Kann ich .... helfen?

Anika: Nein, danke, Mama.

Mutter: Aber deine Anlage ist kaputt!

Anika: Ja, Benni bringt .... am Samstag seine Anlage mit.

Dialogue 3

Silkes Mutter: Silke will am Wochenende nach Hamburg. Aber in der Jugendherberge ist kein Platz mehr.

Silkes Tante: Da kann ich .... einen guten Tipp geben*.

*donner un conseil.

Exercice 2 Remplace le sujet et le bénéficiaire de l'action par les pronoms personnels qui conviennent.

a. Carmen kann ihrer Freundin Silke nicht helfen. ....

b. Die Großeltern kaufen ihrem Enkel einen MP3-Player. ....

c. Jens gibt Charlottes Bruder 10 Euro. ....

d. Benjamin leiht seiner besten Freundin Anika seine Stereoanlage. ....

....

Exercice 3 **a. Un garçon veut que sa mère lui achète des bonbons. Que lui dit-il ? Coche la question qui convient.**

❏ Kannst du mir Bonbons kaufen, bitte?

❏ Kannst du ihr Bonbons kaufen, bitte?

❏ Kannst du dir Bonbons kaufen, bitte?

b. Un garçon écrit un mail à son grand-père. Sa mère lui demande s'il va lui téléphoner. Que lui répond-il ? Coche la réponse qui convient.

❏ Nein, ich schreibe ihr eine E-Mail.

❏ Nein, ich schreibe ihm eine E-Mail.

❏ Nein, ich schreibe dir eine E-Mail.

Vokabeln aktiv

Das Wetter

Note toutes les expressions que tu connais qui se rapportent aux dessins.

 ☀	 🌧	 ❄

Exercice (2) **Chaque mot compte !**

Règles : En partant du mot situé au milieu du tableau (*Freunde*), inscris tous les mots que tu connais à l'horizontale et à la verticale pour gagner le plus de points possibles. Tu peux t'aider de la rubrique « Vokabeln – kurz und gut » dans ton livre p. 53. Tu dois utiliser toutes les lettres ci-dessous au moins une fois.

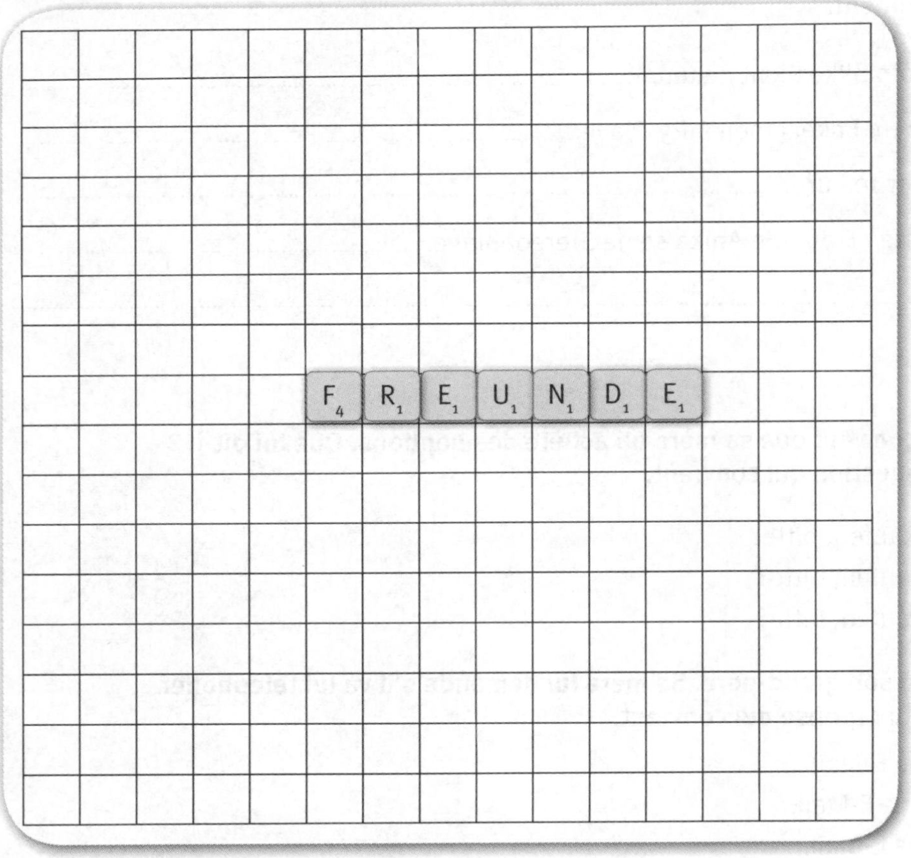

F$_4$ R$_1$ E$_1$ U$_1$ N$_1$ D$_1$ E$_1$

A$_1$ B$_3$ C$_4$ D$_1$
E$_1$ F$_4$ G$_2$ H$_2$
I$_1$ K$_4$ L$_2$ M$_3$
N$_1$ O$_2$ Ö$_8$ P$_4$
R$_1$ S$_1$ T$_1$ U$_1$
Ü$_6$ V$_6$ W$_3$ Z$_3$

Ton score :

....

Jetzt kannst du's!

1   Wie ist das Wetter heute?   ➔ Manuel p. 56

Écoute le bulletin météo.

J'ai su repérer :

1. la ville où il pleut.
2. la ville où il neige.
3. la ville où il fait beau.
4. la température à Hambourg.
5. la température à Munich.

Score
- ☐ 20%
- ☐ 20%
- ☐ 20%
- ☐ 20%
- ☐ 20%

MON SCORE

20%	40%	60%	80%	100%
☐	☐	☐	☐	☐

2   Was können wir heute machen?   ➔ Manuel p. 56

Regarde le dépliant.

Freizeitangebote: Wassersport, Tennis, Bowling, Radfahren, Kino, Shopping

J'ai su indiquer :

1. un sport d'eau.
2. ce que je peux faire à Binz par beau temps.
3. ce que je peux faire à Binz s'il ne fait pas beau.

Score
- ☐ 20%
- ☐ 40%
- ☐ 40%

MON SCORE

20%	40%	60%	80%	100%
☐	☐	☐	☐	☐

3 Horoskop

→ Manuel p. 57

Lis l'horoscope des Gémeaux.

Zwillinge

(21.05 – 21.06)

Lifestyle: Du bist cool. Keiner kann dich mal so richtig stressen. Du hast tolle, kreative Ideen.

Clique: In der Clique bist du absolut präsent und aktiv, aber deine Freunde sind deprimiert. Organisiere was für sie: eine Party oder eine Radtour.

Liebe: Sei nicht so schüchtern.

Dein Supertag: 23.05
An diesem Tag scheint für dich die Sonne. Du bist voller Energie.

J'ai su :

1. indiquer quatre adjectifs qui caractérisent les Gémeaux.

2. dire quel problème les amis des Gémeaux vont rencontrer.

3. noter la solution proposée.

Score

☐ 40%

☐ 30%

☐ 30%

MON SCORE					
	20%	40%	60%	80%	100%
	☐	☐	☐	☐	☐

4 Kandidaten gesucht!

→ Manuel p. 57

J'ai répondu à l'annonce en :

1. me présentant brièvement.

2. indiquant quatre de mes traits de caractère.

3. indiquant pourquoi je suis le / la candidat(e) idéal(e).

Score

☐ 20%

☐ 40%

☐ 40%

....

....

....

....

....

....

MON SCORE					
	20%	40%	60%	80%	100%
	☐	☐	☐	☐	☐

Station 1

Tipp

➜ Pour enrichir et préciser ton expression orale, apprends à intégrer des compléments dans tes phrases.

---

1) Was macht Ina jeden Tag?

➜ Manuel p. 60

Schau dir die Bilder an und füll die Tabelle aus: was macht Ina und wann?

	*auf*stehen	frühstücken	zu Mittag essen	Hausaufgaben machen	*fern*sehen
Was macht Ina?	Ina	Sie	Sie	Sie	Sie ....
Wann macht sie das?	Um	....	....	....	....

Beschreib jetzt Inas Stundenplan.

Sie steht um Viertel nach 7 auf. Um 20 nach 7 ....

....

....

2) Was machen Stefan und Nadir morgen?

➜ Manuel p. 60

a. Schau dir das Bild an. Wie viel Uhr ist es?

☐ Es ist Viertel vor 9. ☐ Es ist Viertel nach 9. ☐ Es ist Viertel nach 10.

b. Hör zu. Welcher Tag ist morgen?

☐ Morgen ist der erste Dezember. ☐ Morgen ist der zweite Dezember. ☐ Morgen ist der dritte Dezember.

c. Was ist Stefans Programm morgen? Und was macht Nadir? Wann?

Wer macht was?	Wann?
.... hat Schule.	um ....
.... hat Französisch, Mathe, Deutsch und Englisch.	
.... hat Tischtennis-AG.	von .... bis ....
.... trifft sich mit der Klasse am Bahnhof.	um ....
.... fährt mit der Klasse nach Köln.	
.... hat Fußballtraining.	um ....
.... treffen sich.	um ....

d. Zieh jetzt die Bilanz. Rekapituliere Stefans und Nadirs Programm.

Um 8 Uhr ....

Von 2 bis 4 Uhr ....

Um Viertel nach 9 ....

3 Bei Fischers

➔ Manuel p. 61

Hör den Anrufbeantworter der Familie Fischer ab und füll die Tabelle aus.

	Wer ruft an?	Mit wem möchte er / sie sprechen?	Was möchte er / sie?	Wann?
Anruf 1				
Anruf 2				
Anruf 3				

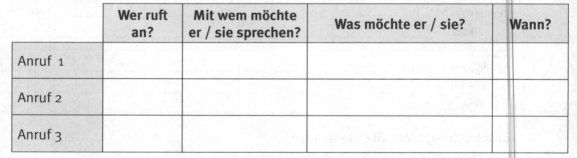

Sprechtraining

➔ Manuel p. 60

■ [ʊ] ou [uː]

1. Écoute les mots et coche la case qui correspond au son que tu entends.

	Schule	Uhr	Gruppe	kurz	gut	rufen	kaputt	Buch	Lust
[ʊ]									
[uː]									

2. Écoute à nouveau et répète les mots.

Sprache aktiv Station 1

Exercice 1 Voici un résumé du programme de Nadir et Stefan. Il n'est pas très précis !
Réécris-le en intégrant les compléments de temps suivants.

um Viertel vor 8 – um 6 Uhr – am Abend – am Nachmittag – um 20 nach 7 – am Vormittag

> Nadir frühstückt mit seinem Freund Stefan.
> Stefan fährt mit dem Fahrrad zur Schule.
> Nadir hat keine Schule, er fährt mit der Klasse nach Köln.
> Er hat Fußballtraining.
> Beide Freunde treffen sich bei Stefan.
> Nadir macht seine Hausaufgaben.

....

....

....

....

....

....

....

Exercice 2 Remets les vignettes dans l'ordre. Rédige une courte histoire en t'aidant des
groupes verbaux donnés.

Vignette 1 : tief schlafen
Vignette 2 : Geräusche hören – die Lampe *an*machen – *auf*stehen
Vignette 3 : aus dem Zimmer gehen – nach unten gehen
Vignette 4 : die Wohnzimmertür *auf*machen – *fern*sehen – Bonbons essen

....   Sie ....

....   Die Mutter ....

Station 2

Tipp

→ Apprends à classer les informations trouvées dans un texte en fonction des différents sujets abordés.

1 Was hat die 8a für morgen auf? → Manuel p. 62

a. Lies den Chat und kreuze die richtige(n) Antwort(en) an.

```
                                          ☒
*** chat.de ***

<Fanny> Hilfe! Schon halb 9 und ich kann
mein Hausaufgabenheft nicht mehr finden!!!
Was haben wir für morgen auf?

<Mirko> Hallo, Fanny! Keine Panik:
zuerst dein Lieblingsfach,
Geschichte: „Russische Revolution",
Kapitel 2, Seite 32. Wir müssen den
Text 2b im Geschichtsbuch lesen.

<Fanny> Und was müssen wir in Englisch
machen?

<Mirko> Internet-Recherche „Australia
today". Ich mache etwas über Kino. Ich bin
fast fertig.

<Marion> An alle aus der 8a! Chemie fällt
morgen aus. Herr Berger ist krank. Er hat
Grippe.

<Fanny> Toll! Chemie ist nicht mein Ding!
```

1. Wie viel Uhr ist es?

☐ 20.30 Uhr ☐ 21.15 Uhr
☐ 20.45 Uhr

2. Was für ein Problem hat Fanny?

☐ Sie ist krank.
☐ Sie sucht ihr Hausaufgabenheft.
☐ Sie hat morgen Chemie.

3. Was hat die 8a morgen?

☐ Mathematik ☐ Geschichte
☐ Deutsch ☐ Englisch
☐ Erdkunde ☐ Kunst
☐ Physik ☐ Chemie

b. Was müssen die Schüler der 8a für morgen machen? Schreib die Aufgaben in das Hausaufgabenheft.

Fächer	Hausaufgaben

c. Welche neue Information gibt Marion? Kreuze an.

☐ Die Schüler der 8a haben keine Chemieübung.
☐ Die Schüler der 8a haben einen Chemietest.
☐ Die Schüler der 8a haben morgen keine Chemie.

2 Christines Stundenplan

→ Manuel p. 63

c. Christines Stundenplan und dein Stundenplan. Füll die Tabelle aus.

		MONTAG	DIENSTAG	MITTWOCH	DONNERSTAG	FREITAG
1. Stunde	7⁴⁵-8³⁰	Englisch	Religion	Deutsch	Kunst	Englisch
2. Stunde	8³⁵-9²⁰	Erdkunde	Geschichte	Englisch	Informatik	Chemie
Kleine Pause						
3. Stunde	9³⁰-10¹⁵	Mathe	Sozialkunde	Mathe	Deutsch	Geschichte
4. Stunde	10²⁰-11⁰⁵	Kunst	Biologie	Französisch	Deutsch	Biologie
Große Pause						
5. Stunde	11³⁰-12¹⁵	Französisch	Sport	Physik	Erdkunde	Mathe
6. Stunde	12²⁰-13⁰⁵		Sport	Orchester		Handball-AG

Christines Stundenplan	Dein Stundenplan
Christines Schultag fängt um .... an.	Mein Schultag ....

Sprechtraining

→ Manuel p. 62

■ L'accent de mot (2)

1. Écoute attentivement les mots ci-dessous. Coche la syllabe accentuée.

Französisch ○ ○ ○	Erdkunde ○ ○ ○	Biologie ○ ○ ○	Informatik ○ ○ ○ ○	Physik ○ ○
Unterricht ○ ○ ○	Geschichte ○ ○ ○	Bio ○ ○	Mathematik ○ ○ ○ ○	Mathe ○ ○

2. Réécoute les mots et répète-les correctement.

Sprache aktiv Station 2

Exercice **Complète les phrases suivantes avec le verbe _müssen_.**

a. Am Dienstag .... Sanja ihre Hausaufgaben sofort nach der Schule machen. Sie hat dann Handball-AG und .... um 15 Uhr in der Sporthalle sein.

b. Moni hat ein Problem, wir .... ihr helfen.

c. Meine Eltern sind nicht da, ich .... mit meinem kleinen Bruder zu Hause bleiben.

d. Du fängst morgen um Viertel vor 8 an. Du .... jetzt ins Bett gehen.

Exercice 2 **Lis l'invitation et réponds aux questions.**

> ### Daniel hat Geburtstag!
>
> **Wir machen ihm eine Überraschung!**
> **Wir organisieren eine Party. Die Jazzband**
> **der Schule macht auch mit!**
>
> Infos:
>
> **Treffpunkt:** kleiner Saal, erster Stock,
> Ernst-Reuter-Schule. Samstag, der 12. April
> **Musiker:** seid bitte um 18 Uhr 45 schon da!
> **Alle:** Bringt Cola, Limo, O-saft und Kuchen mit!

a. Wer hat Geburtstag?

....

b. Wo müssen sich Daniels Freunde treffen?

....

....

c. Ben ist Klarinettist in der Jazzband. Wann muss er da sein?

....

d. Laura und Luisa gehen zur Party. Was müssen sie mitbringen?

....

Station 3

Tipp

Pour comprendre la conversation, concentre-toi sur les questions que posent les personnages.

Élève
Piste 12

1 Tag der offenen Tür

➔ Manuel p. 64

b. Hör zu.
1. Welche Räume zeigt Maja? Nummeriere.

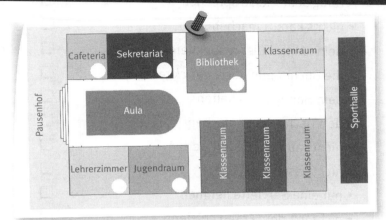

Cafeteria Sekretariat Bibliothek Klassenraum
Pausenhof
Aula
Sporthalle
Lehrerzimmer Jugendraum Klassenraum Klassenraum Klassenraum

2. Füll den Text aus.

Zuerst zeigt sie d.., dann zeigt sie ....,

dann ....

....

....

3. Was erfährst du über jeden Raum? Ergänze Lorenz' Notizen.

- In der Cafeteria gibt es: _____

  Sie ist bis _____ geöffnet. _____

- Im Jugendraum kannst du _____

- Die Computer sind _____

  - Die Klassenräume sind _____

c. Welche Schulregel nennt Maja? Kreuze an.

☐ In der Schule sind Handys verboten.   ☐ In der Schule ist Essen verboten.
☐ In der Schule sind MP3-Player verboten.

Zwischenstation → Manuel p. 65

■ Schulregeln

Welche Regel für welchen Ort? Kreuze an.

1. Cafeteria   2. Bibliothek   3. Computerraum

	❶	❷	❸
• dein Tablett *zurück*bringen	❏	❏	❏
• ruhig sein / leise sprechen	❏	❏	❏
• nichts kaputt machen	❏	❏	❏
• deine Mitschüler respektieren	❏	❏	❏
• die Bücher pünktlich *zurück*geben	❏	❏	❏
• dein Handy *aus*schalten	❏	❏	❏
• den Tisch sauber machen	❏	❏	❏
• nichts auf den Boden werfen	❏	❏	❏
• nicht essen / trinken	❏	❏	❏
• nur eine Serviette nehmen	❏	❏	❏
• nicht mit dem Essen spielen	❏	❏	❏
• nicht mit MSN chatten	❏	❏	❏
• konzentriert sein	❏	❏	❏
• deine Jacke *aus*ziehen	❏	❏	❏
• keine unerlaubten Downloads machen	❏	❏	❏
• deine Tasche am Eingang *ab*stellen	❏	❏	❏
• Programme ordnungsgemäß beenden	❏	❏	❏

Sprechtraining → Manuel p. 64

■ [ç] ou [x]

1. Tu vas entendre dix mots contenant les lettres « ch ». Coche la case [ç] ou [x] selon le son que tu entends.

	[ç]	[x]		[ç]	[x]
acht			Chemie		
Brötchen			Lieblingsfach		
Nachmittag			sechzehn		
auch			nicht		
rechts			Buch		

2. Réécoute les mots et répète-les.

Sprache aktiv Station 3

Exercice 1 À quels endroits du collège peux-tu trouver les objets suivants ?

a **b** **c** **d** **e** **f**

a. .... d. ....

b. .... e. ....

c. .... f. ....

Exercice 2 La mère de Tim a disposé des « magnets » sur le frigo pour lui laisser deux recommandations. Retrouve ce qu'elle lui demande.

nicht · deine · spiel · Computer · am · mach · Hausaufgaben

a. ....

b. ....

Exercice 3 À partir des mots suivants, rédige huit gages que tu pourras recopier dans une « cocotte » en papier.

Exemple : das Verb *haben* konjugieren ····⟩ Konjugiere *haben*!

a. fünf deutsche Städte nennen ....

b. eine Giraffe zeichnen ....

c. ein Lied singen ....

d. *auf*stehen ....

e. etwas mimen ....

f. bis 20 zählen ....

g. eine Grimasse machen ....

h. jemandem einen Kuss geben ....

Vokabeln aktiv

Die Uhrzeit

Dessine les aiguilles dans chaque horloge en respectant l'heure indiquée.

Es ist halb 3.　　Es ist Viertel nach 6.　　Es ist halb 5.　　Es ist 10 vor 11.　　Es ist Viertel vor 10.

Die Uhrzeit

Inscris l'heure qu'il est sous chaque horloge.

`5:00`　　　　`8:50`　　　　`12:15`　　　　`2:45`

....　　............................　　............................　　............................

Associe les éléments suivants et forme des verbes à préverbe séparable.

 machen rufen

schauen kommen

1. ....
2. ....
3. ....
4. ....

Complète ton emploi du temps en allemand.

Uhr	MONTAG	DIENSTAG	MITTWOCH	DONNERSTAG	FREITAG

Jetzt kannst du's!

1   Was machen wir wann?

→ Manuel p. 70

Écoute ces adolescents qui se donnent rendez-vous.

J'ai su relever :

1. la proposition.

2. la raison du premier refus.

3. ce qu'ils font finalement et à quelle heure.

Score
- ☐ 20%
- ☐ 30%
- ☐ 50%

MON SCORE

😞 20%	🙁 40%	😐 60%	🙂 80%	😃 100%
☐	☐	☐	☐	☐

2   Adrians Tag

→ Manuel p. 70

Observe la bande dessinée et raconte le plus précisément possible la journée d'Adrian.

MITTWOCH, DEN 7.2.

J'ai su dire :

1. quel jour on est.

2. quelle heure il est sur chaque image.

3. ce que fait Adrian.

Score
- ☐ 20%
- ☐ 40%
- ☐ 40%

MON SCORE

😞 20%	🙁 40%	😐 60%	🙂 80%	😃 100%
☐	☐	☐	☐	☐

3 Homepage

→ Manuel p. 71

Lis les informations trouvées sur le site d'une école allemande.

http://www.erich-kaestner-realschule.de

Die Erich-Kästner-Realschule ist eine Ganztagsschule (geöffnet von 7.30 bis 16.30 Uhr) mit 36 Lehrern und ca. 300 Schülern. Sie umfasst die Jahrgänge 5 bis 9.

Eine Schulpartnerschaft gibt es mit einer Schule in Dänemark. Schülersprachreisen finden ab Klasse 8 nach England, Frankreich und Russland statt.

Ein Fotokurs findet jeden Freitag statt.
Den Schülern stehen ein Computerraum mit Internet-Zugang, 3 Lehrräume für Physik und Chemie, 2 Kunsträume und eine große Cafeteria zur Verfügung. Zudem hat unsere Schule eine moderne Sporthalle und eine Bibliothek.

J'ai su indiquer :

Score

1. le type et le nom de l'école. ☐ 10%
2. les horaires de cours. ☐ 10%
3. les salles et les installations de l'école. ☐ 40%
4. les activités et projets proposés. ☐ 40%

MON SCORE

20% 40% 60% 80% 100%
☐ ☐ ☐ ☐ ☐

4 Lauras Schultag

→ Manuel p. 71

Lis les notes prises lors d'une interview avec une élève allemande et rédige un court texte sur elle et son école.

....
....
....
....

- LAURA MÜLLER
- MARTIN-LUTHER-GESAMTSCHULE
- 7. KLASSE
- 8 UHR-15.30 UHR
- MITTAGESSEN IN DER KANTINE
- LIEBLINGSFÄCHER: SPORT UND ENGLISCH
- 16.15 UHR: AG SINGEN UND TANZEN

J'ai su indiquer :

Score

1. le type d'école qu'elle fréquente. ☐ 20%
2. sa classe. ☐ 20%
3. le déroulement de sa journée. ☐ 40%
4. ses matières préférées. ☐ 20%

MON SCORE

20% 40% 60% 80% 100%
☐ ☐ ☐ ☐ ☐

Wo ich wohne

Station 1

─── **Tipp** ───

Concentre-toi sur les questions et les exclamations des personnages pour comprendre le dialogue.

1 **Wo ist es bloß?**

→ Manuel p. 74

a. Was sucht Stefan? Formuliere Hypothesen.

Stefan sucht vielleicht ....

....

....

....

....

....

....

....

b. Hör dir jetzt den Dialog an. Was sucht also Stefan? In welchem Zimmer? Kreuze an.

Stefan sucht ....

Er sucht es:

❐ im Schlafzimmer   ❐ im Badezimmer   ❐ in seinem Zimmer

❐ im Wohnzimmer   ❐ in der Küche

c. Wo sucht Stefan? Kreuze an.

	in	auf	neben	unter	
1.					dem Schreibtisch
2.					dem Bett
3.					dem Computer
4.					dem Papierkorb
5.					der Kommode

Wo findet Stefan sein ...? ....

2 Der arme Poet

a. Schau dir das Gemälde von Spitzweg an. Wie findest du es?

Das Gemälde ist ...   Ich mag das Gemälde (nicht), weil...   Ich finde das Gemälde ... , weil ...

komisch   lustig   traurig   schön   altmodisch   interessant

....

....

b. Der Museumsführer ist neu und kennt das Gemälde nicht. Lies, was er sagt, und korrigiere.

> Und jetzt, meine Damen und Herren, das berühmte Bild *Der arme Poet* von Carl Spitzweg aus dem Jahre 1839. Spitzweg ist ein großer Maler aus München.

Ein Mann liegt im Bett und liest; unter dem Bett liegen viele Bücher. Rechts steht ein Ofen, aber wir sehen keine Flammen, weil der Poet arm ist. Auf dem Ofen liegen viele Papiere. Links neben dem Ofen steht ein Stiefel und neben dem Ofen steht auch eine Flasche, weil er Fieber hat und viel trinken muss... Armer, armer Poet...

....

....

....

....

Zwischenstation

■ Mein Traumhaus

Mach dir zuerst eine Liste. Welche Zimmer möchtest du in deiner Traumwohnung haben?

eine Küche, ...

....

....

Zeichne jetzt den Plan und kommentiere ihn vor der Klasse.

Sprechtraining

■ L'accentuation des mots composés

1. Écoute bien l'accentuation de ces mots composés et souligne à chaque fois la syllabe accentuée.

Wohnzimmer – Schlafzimmer – Badezimmer – Handynummer – Schreibtisch – Papierkorb
Sportlehrer – Stundenplan – Mineralwasser – Kartoffelsalat

2. Réécoute et répète ces mots correctement.

Sprache aktiv Station 1

Coche les cases qui correspondent à ce que tu vois afin d'obtenir des phrases qui décrivent la chambre de Stefan. Vérifie bien le genre des mots dans ton lexique.

		unter	in	neben	auf	an	
a. D...... Bett	stehen liegen hängen					x	d...... Wand.
b. D...... Stuhl							d...... Bett.
c. D...... Ball							d...... Papierkorb.
d. D...... Anorak							d...... Tür.
e. D...... Computer							d...... Schreibtisch.
f. D...... Papierkorb							d...... Schreibtisch.

Exemple : phrase a. Das Bett steht an der Wand.

b. ....

c. ....

d. ....

e. ....

f. ....

Vanessa décrit sa chambre. Complète les marques des déterminants et choisis le verbe qui convient dans la liste suivante.

hängt – steht – liegen – stehen – stehen – hängt – liegt – sitzen – steht – stehen

„Also links an d...... Wand .... mein Bett. Neben d...... Bett .... ein Teppich. Auf dem Bett .... Plüschtiere und eine Puppe. Rechts .... ein Bücherregal. Auf d...... Regal .... meine Bücher natürlich und viele Fotos. Links neben d...... Regal .... ein Poster von meinem Lieblingssänger. Rechts an d...... Wand ist noch ein Fenster. Unter d...... Fenster .... ein Tisch. Auf d...... Tisch .... mein Computer, eine Vase und noch ein Foto. Links neben d...... Tisch .... ein Stuhl und eine große Lampe. Ach ja, und unter d...... Tisch .... meine Tanzschuhe!"

Station 2

Tipp

Vérifie que tu sais prononcer le nom des lieux sur le plan. Si tu arrives à les prononcer correctement, tu devrais réussir à les repérer quand tu les entends dans la conversation.

1 Nach dem Weg fragen

→ Manuel p. 76

Pistes 14-15

b. Hör dir den ersten Dialog an. Was suchen die Jugendlichen? Warum?

Die zwei Jugendlichen suchen ....

....

c. Hör dir den zweiten Dialog an. Nummeriere zuerst auf dem Plan die erwähnten Gebäude. Zeichne dann den Weg ein.

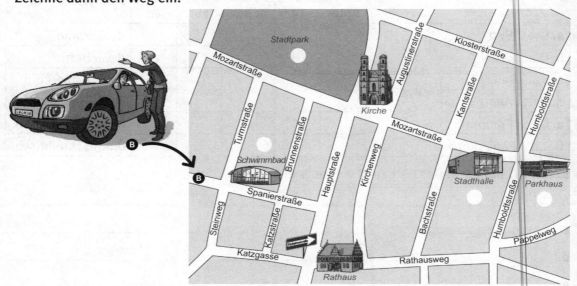

d. Was darf der Autofahrer? Was darf er nicht? Assoziiere.

❶

❷

❸

❹

○ Er darf nicht durchfahren.

○ Er darf nicht vor der Stadthalle parken.

○ Er darf sein Auto parken.

○ Er darf in der Mozartstraße nicht schneller als 30 km/St. fahren.

2 Sich in der Stadt orientieren

➔ Manuel p. 77

b. Du bist in der Königstraße.
Ein Passant fragt nach dem Weg. Er sucht die Apotheke.
Beschreib dem Passanten den Weg bis zur Apotheke.
über die Brüke – geradeaus – links – rechts – nach links

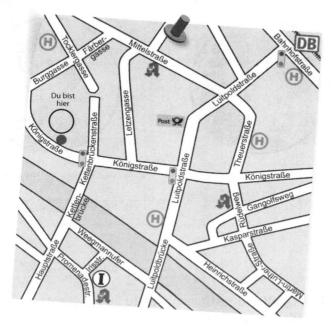

Der Passant: Entschuldigen Sie bitte, ich suche eine Apotheke.

Du: Eine Apotheke…? Da gehen Sie bis zur Ampel und dann

....

in die Kettenbrückenstraße.
Gehen Sie dann ....
Gehen Sie weiter ....
bis zur Kreuzung. Gehen Sie
dort .... in die
Promenadestraße.
Die Apotheke sehen Sie dort gleich

....

Sprechtraining

➔ Manuel p. 76

■ [ts] ou [z]

1. Tu vas entendre 10 mots. Coche [ts] ou [z] selon ce que tu entends.

	1.	2.	3.	4.	5.	6.	7.	8.	9.	10.
[z]										
[ts]										

2. Réécoute ces mots et répète-les.

3. Tu vas entendre 10 autres mots. Complète-les par la lettre qui manque (« s » ou « z »).
1. …uppe – 2. …eigen – 3. …oll – 4. …ehr – 5. …ammeln – 6. …wanzig – 7. …ind – 8. …irkus – 9. …erie – 10. … auna.

Sprache aktiv Station 2

Exercice 1 Voici une série de consignes à suivre. À qui sont-elles adressées ?

Fahren Sie mit dem Bus! – Geh ins Bett! – Rufen Sie mich an! – Geht immer geradeaus! – Kauf dir ein neues Handy! – Kommt zu mir! – Hört gut zu! – Lies den Text vor! – Gehen Sie bis zum Stadtpark!

....
....
....

Exercice 2 Tu ne connais pas la ville. Quelles questions poses-tu aux passants pour te rendre dans les endroits suivants ? (➔ Manuel p. 76-77)

Exemple : → Entschuldigen Sie, wie komme ich zur Stadthalle?

a.  → ....

b. → ....

c. DB → ....

d.  → ....

Exercice 3 Voici un extrait du règlement d'une école. Complète-le en conjuguant le verbe *dürfen* au présent.

a. In der Klasse .... die Schüler nicht mit dem Handy telefonieren.

b. In der Kantine und auf dem Pausenhof .... man mit dem Handy telefonieren.

c. Ihr .... nicht nach 18.00 Uhr in den Jugendraum gehen.

d. Ein Schüler .... nicht ins Lehrerzimmer gehen.

Station 3

→ Manuel p. 78

Tipp

→ Utilise les bruits que tu entends, le ton des personnages et certains de leurs commentaires pour définir l'atmosphère d'une scène.

---

1 Wir fahren in die Stadt

b. Hör dir den Dialog an.

1. Kreuze an, was stimmt.

Piste 16

Fred   Karen   Christine

a. Fred, Karen und Christine wollen... ☐ ins Café.
☐ ins Kino.
☐ in die Modepassage.
☐ in die Stadthalle.
☐ in den Stadtpark.

b. Christine probiert ... ☐ einen Anorak.
☐ eine Jeans.
☐ eine Jeansjacke.
☐ schicke Schuhe.

c. Karen probiert ... ☐ einen Minirock an.
☐ einen Pullover an.
☐ einen Regenmantel an.
☐ ein T-Shirt an.

2. Assoziiere.

die Stretchjeans •   • super attraktiv
Jeans und T-Shirt •   • zu teuer
der Minirock und das rote T-Shirt •   • sehr schön
Mädchen mit Minirock •   • immer modern

2 Fünf Looks

→ Manuel p. 79

a. Schau dir im Buch (auf S. 79) das Bild an. Was charakterisiert die Jugendlichen (Kleider, Accessoires, Farbe, Look)?

Mark trägt ....

Er mag ....

Alexander...

Susanne ....

Philipp ....

Hör dir an was die vier Jugendlichen sagen. Wie heißen sie?

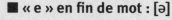

b. Cool (+) oder uncool (–)? Ordne die Vokabeln zu.

zu kurz – klasse – das ist nicht mein Stil – das geht gar nicht – elegant – immer modern – Schwarz ist meine Farbe – zu teuer – super attraktiv – schön – langweilig – sieht ganz gut aus – doof – echt toll – sehr schick – Wow! – perfekt

+ cool	
– uncool	

Sprechtraining

→ Manuel p. 78

■ « e » en fin de mot : [ə]

1. Écoute les mots suivants et répète-les.

Christine – Mode – Passage – Marke – Jacke – Farbe – eine – komme – probiere – schade

2. Tu connais d'autres mots en allemand qui se terminent par un « e » non accentué. Note-les ici et entraîne-toi à les prononcer correctement.

....

....

Sprache aktiv Station 3

Exercice 1 Complète par les marques qui conviennent (nominatif, datif).

a. D............... Kind mit d................ Kappe ist süß.

b. D............... Frau mit d................ Handtasche sieht elegant aus.

c. Ein............... Jacke mit ein............... Hemd ist immer schick.

d. Ich gehe mit mein................ Eltern ins Kino.

e. Vielleicht fahren d................ Kinder mit d............... Bahn.

Exercice 2 À ton avis, dans quelles pièces de la maison les déménageurs doivent-ils mettre ces objets ? Formule toutes les hypothèses possibles.

a.

b.

c.

d.

❶ das Kinderzimmer

❷ das Schlafzimmer

❸ der Flur

❹ die Küche

❺ das Wohnzimmer / das Esszimmer

❻ das Badezimmer

❼ die Toilette

Exemple : a. Sie stellen vielleicht die Bücher in den Flur.

....

b. ....

....

c. ....

....

d. ....

....

Vokabeln aktiv

Exercice 1 Die Wohnung – die Möbel

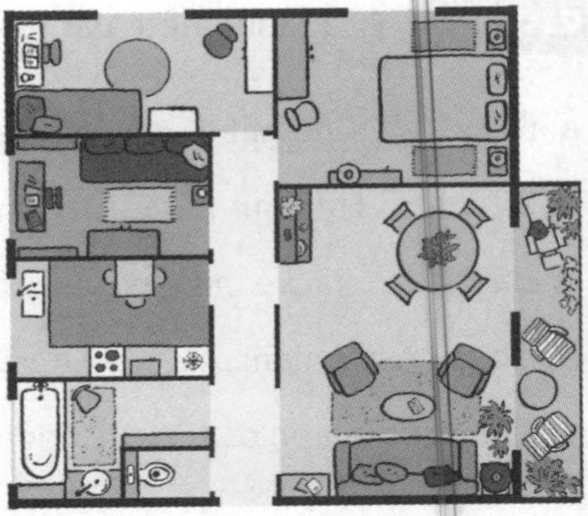

Décris cet appartement.

a. Wie viele Zimmer hat die Wohnung?

....

....

b. Welche Möbel erkennst du?

....

....

c. Beschreib jetzt das Schlafzimmer oder das Kinderzimmer: wo stehen die Möbel?

....

....

Exercice 2 Die Stadt

Cherche dans cette grille 15 noms de monuments, lieux publics ou magasins.
Note-les ci-dessous en n'oubliant pas d'indiquer leur genre. Tu peux chercher les mots dans tous les sens (à la verticale, à l'horizontale, en diagonale et à l'envers).

A	P	O	T	H	E	K	E	T	M	Z	Q	S
J	G	R	A	T	H	A	U	S	W	U	K	T
F	S	L	C	E	G	T	R	O	P	S	E	A
O	T	K	R	A	M	R	E	P	U	S	H	D
H	A	N	I	G	F	H	L	K	H	C	T	T
N	D	A	T	N	C	E	R	A	C	H	O	H
H	T	B	F	R	O	A	D	C	S	U	E	A
A	H	Z	I	L	P	A	S	S	A	L	D	L
B	A	K	O	N	D	I	T	O	R	E	I	L
D	A	B	M	M	I	W	H	C	S	Q	V	E

....

....

....

....

....

....

....

....

....

Jetzt kannst du's!

1 · Wie komme ich zu ...?

→ Manuel p. 84

Aurel demande son chemin à un passant.

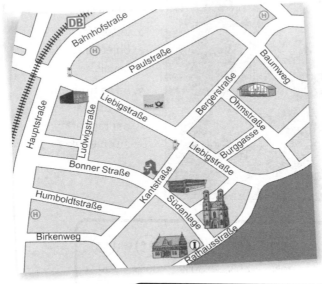

J'ai su repérer :

Score

1. le lieu où Aurel et le passant se trouvent. ☐ 10%

2. le lieu où Aurel veut se rendre. ☐ 10%

3. le nom des rues dont le passant parle. ☐ 20%

4. le nom des bâtiments publics et des magasins que le passant évoque. ☐ 30%

5. les indications que le passant donne sur l'itinéraire à suivre. ☐ 30%

MON SCORE 😦 20% ☐   😕 40% ☐   😐 60% ☐   🙂 80% ☐   😃 100% ☐

2 · Wohnung in Bayern

→ Manuel p. 84

Lis cette annonce.

720 Euro/Monat
Farchant (3 km vor Garmisch-Partenkirchen)

Von der Apotheke aus rechts, dann 30 m geradeaus, dann links in die Alpspitzstraße bis Nr. 27.

5-Zimmer-Wohnung (110 qm) zu vermieten: Wohnzimmer, Esszimmer, Schlafzimmer, zwei Kinderzimmer. Große Küche. Badezimmer mit WC und Dusche. Schöner Balkon.

J'ai su indiquer :

Score

1. dans quelle ville se trouve l'appartement. ☐ 20%

2. le chemin pour arriver à l'appartement. ☐ 30%

3. le nombre de pièces. ☐ 10%

4. quelles sont les différentes pièces. ☐ 40%

MON SCORE 😦 20% ☐   😕 40% ☐   😐 60% ☐   🙂 80% ☐   😃 100% ☐

3 **So ein Durcheinander!**

→ Manuel p. 85

Quel désordre ! Regarde bien l'image.

J'ai su indiquer :

1. les différents
meubles
que je vois.

2. les différents
objets que
je vois.

3. où se trouvent
les objets
par rapport
aux meubles.

Score

☐ 30%
☐ 30%
☐ 40%

MON SCORE	😞	😟	😐	🙂	😊
	20%	40%	60%	80%	100%
	☐	☐	☐	☐	☐

4 **Was darf man hier?**

→ Manuel p. 85

Regarde les panneaux.

J'ai su noter :

1. les choses qu'on a le droit de faire.

....

....

2. les choses qu'on ne doit pas faire.

....

....

Score

☐ 50%
☐ 50%

MON SCORE	😞	😟	😐	🙂	😊
	20%	40%	60%	80%	100%
	☐	☐	☐	☐	☐

Station 1

Tipp

→ Grâce au ton d'un personnage, tu peux deviner ses sentiments et sélectionner des indices dans la conversation pour expliquer ces sentiments.

1 Hast du Fabian gesehen?

→ Manuel p. 88

b. Hör dir den Dialog an.

■ **Die Personen. Assoziiere.**

Frau Werner •

Adrian •

Fabian •

- • hat Fabian seit der Pause nicht gesehen.
- • ist Fabians Mutter.
- • ist nicht zu Hause.
- • sucht Fabian und findet ihn nicht.
- • ist nicht bei Adrian.
- • ist nervös.
- • ist Fabians Freund.
- • kann nicht helfen.

■ **Fabians Stundenplan. Kreuze an.**

Vor der Pause hatte er: ☐Mathe ☐Musik ☐Deutsch ☐Englisch ☐Religion

In der Pause
☐hat er mit Adrian gesprochen.
☐wollte er allein mit Anja bleiben.
☐hat er für den Englischtest gearbeitet.

Nach der Pause
☐hatte er einen Englischtest.
☐war er im Englischunterricht nicht mehr da.
☐hatte er Deutsch.

Nach der Schule wollten Adrian und Fabian:

☐schwimmen gehen ☐ins Kino gehen ☐im Park skaten

2 Wer hat die Krone gestohlen?

➔ Manuel p. 89

a. Hör zu und füll die Tabelle aus.

	War er / sie im Museum? Bis wann?	Was hat er / sie gemacht?
Thomas Fischer	☐ Ja ☐ Nein Bis	
Angelika Funke	☐ Ja ☐ Nein	
Stefan Imker	☐ Ja ☐ Nein	
Tessa Weißberg	☐ Ja ☐ Nein	

c. Wer hat kein gutes Alibi?

☐ Thomas Fischer ☐ Angelika Funke ☐ Stefan Imker ☐ Tessa Weißberg

Wer hat vielleicht die Krone gestohlen? Wie ist das passiert?

....

....

3 Aber was war denn los?

➔ Manuel p. 89

Lies Holgers E-Mail (➔ Manuel p. 89) und schreib Leos Antwort.

....

....

....

....

Sprechtraining

➔ Manuel p. 88

■ [h] ou [ʔ]

1. Écoute et coche dans le tableau selon ce que tu entends.

	1	2	3	4	5	6	7	8	9	10	11
[h]											
[ʔ]											

2. Écoute à présent les phrases de ce texte et entraîne-toi à les lire correctement.

1. Fabian ist heute Abend nicht zu Hause. 2. Sein Handy ist aus. 3. Nach der Pause hatte die Klasse Englisch. 4. Die Schüler haben in Englisch eine Arbeit geschrieben.

Sprache aktiv Station 1

Exercice 1

a. Lis le mail de Timm. Entoure les verbes *sein*, *haben* et *wollen* conjugués au prétérit. Souligne les auxiliaires et les participes II des verbes conjugués au parfait.

> Hallo Sofie!
>
> Ich habe am Wochenende meinen Geburtstag bei mir zu Hause gefeiert. Am Samstag waren alle meine Freunde auf der Party, nur du warst nicht da! Was hattest du? Schade, das war richtig toll! Wir haben Musik gehört, getanzt (Ferdinand nicht!), Spiele gemacht (Ferdi und Theo wollten unbedingt meine Videospiele ausprobieren!). Am Sonntag habe ich lange geschlafen und zu Mittag hat mein Vater extra für mich gekocht: mein Lieblingsessen und seine Spezialität, Spaghetti alla Carbonara! Und du, wann kommst du zu mir? Wann schreibst du mir? Wann rufst du an?
>
> Dein Timm

b. Classe les verbes soulignés dans le mail de Timm dans le tableau ci-dessous. Complète ensuite la colonne « infinitif ».

	auxiliaires et participes II	infinitifs
Verbes faibles: *ge-* + radical + *(e)t*		
Verbes forts: *ge-* + radical* + *-en*		

* Ce radical peut changer par rapport à celui de l'infinitif.

Exercice 2

Complète la carte postale par les verbes suivants conjugués au parfait ou au prétérit pour *sein* et *haben*.

– sehen*
– finden*
– sich langweilen
– haben
– sein
– machen

Lieber Daniel!

Ich bin mit meinen Eltern seit 3 Tagen in Bayern. Vorgestern .... wir das Schloss Neuschwanstein .... Meine Mutter .... das natürlich so romantisch .... ! Ich .... mich ein bisschen .... Aber gestern .... wir einen Supertag. Das Wetter .... toll und wir .... eine Wanderung am Königssee ....

Tschüs
Deine Nina

Sven Hopke
Fasanenstr. 24
77855 ACHERN

* Verbe fort
(➔ Manuel p. 130)

Station 2

Tipp

Pour comprendre un texte, repère la nature du document et appuie-toi sur les mots que tu reconnais. N'oublie pas que certains mots inconnus peuvent être compris grâce au contexte.

1 Fabians Profil

➔ Manuel p. 90

Lies die drei Dokumente aus den Akten des Kommissars.

a. Notiere Informationen über Fabian.

Aussehen	Charakter / Interessen	Persönlichen Kontext

Richtig (R) oder falsch (F)? Kreuze an.

	Richtig	Falsch
Fabians Augen sind grün.	☐	☐
Er ist blond.	☐	☐
Er ist groß und schlank.	☐	☐
Er lebt bei seinem Vater.	☐	☐
Er hat keine Geschwister.	☐	☐
Er ist gut in der Schule.	☐	☐
Seine Klasse fährt im Juni auf Klassenfahrt in die Schweiz.	☐	☐
Er will nicht mitfahren.	☐	☐
Er ist Single.	☐	☐

b. Was ist vielleicht passiert? Formuliere Hypothesen und nenne Indizien.

Vokabeln

Probleme mit den Eltern / mit der Freundin / in der Schule haben

in die Schweiz fahren (ist ... gefahren)

die Schule schwänzen (hat ... geschwänzt)

einen Unfall haben

Angst vor etwas haben

jemanden kidnappen (hat ... gekidnappt)

....

....

....

....

....

....

3 Rate mal!

→ Manuel p. 91

Beschreib das Gemälde und formuliere Hypothesen.

a. Wo spielt die Szene?
☐ Am Bahnhof.   ☐ An einer Bushaltestelle.   ☐ In der Schule.

b. Was macht der Junge da?
☐ Er wartet auf den Zug / Bus. ☐ Er fährt in die Schule.   ☐ Er wartet auf seine Freundin.

c. Wie alt ist er?   ☐ 14   ☐ 17   ☐ 25

d. Wie sieht er aus?
- Er ist   ☐ groß   ☐ klein   ☐ dick   ☐ schlank.
- Er hat   ☐ grüne   ☐ blaue   ☐ braune   Augen.
- Er hat   ☐ blonde   ☐ braune   ☐ rote   Haare.

Zwischenstation

→ Manuel p. 91

■ Mein Avatar

Wie sieht dein Avatar aus? Kreuze an.

Er hat   ☐ blaue   ☐ grüne   ☐ braune   Augen.
Er hat   ☐ kurze   ☐ lange   } Haare.
Er hat   ☐ blonde   ☐ braune   ☐ rote
Er ist   ☐ klein   ☐ groß.
Er ist   ☐ dick   ☐ schlank.

Sprechtraining

→ Manuel p. 90

■ La diphtongue [au̯]

1. Tu vas entendre 10 mots. Contiennent-ils la diphtongue [au̯] ? Coche la bonne réponse.

	[au̯]	Ø		[au̯]	Ø
1			6		
2			7		
3			8		
4			9		
5			10		

2. Réécoute ces mots et répète-les.

Sprache aktiv Station 2

Exercice 1 Connais-tu bien tes camarades de classe ? Réponds aux questions suivantes en formulant des hypothèses sur l'un d'entre eux.

Wie gut kennst du deine Mitschüler?

a. Er/sie hat Geburtstag. Was für ein Geschenk wünscht er/sie sich?
- ☐ eine CD
- ☐ ein Videospiel
- ☐ ein T-Shirt
→ Ich glaube, dass ....
....
....
....

b. Was ist seine/ihre Lieblingsmusik?
- ☐ Rap   ☐ Hip Hop
- ☐ Rock   ☐ R'n'B
- ☐ Klassik ☐ Jazz
→ ....
....
....

c. Was macht er/sie gern?
- ☐ Musik hören
- ☐ Videospiele spielen
- ☐ Sport machen
→ ....
....
....

d. Er/sie geht ins Kino. Was für einen Film will er/sie sich anschauen?
- ☐ einen Liebesfilm
- ☐ einen Thriller
- ☐ einen Action-Film
- ☐ eine Komödie
→ ....
....
....

e. Er/sie ist heute morgen nicht in der Schule. Was denkst du?
- ☐ Er/sie ist krank.
- ☐ Er/sie schwänzt.
- ☐ Er/sie schläft noch.
→ ....
....
....

Frag nach und rechne deine Punkte zusammen.

+ 3 richtige Antworten: Du bist offen und interessierst dich für andere.

– 3 richtige Antworten: Bist du etwa schüchtern? Geh auf andere zu und sprich mit ihnen!

Exercice 2 Choisis une personnalité connue et décris-la (physique, caractère, centres d'intérêts, situation familiale...). Tu pourras faire deviner à la classe de qui il s'agit.

....
....
....
....
....
....
....

Station 3

Tipp

Avant de te lancer dans la lecture d'un texte journalistique, prête attention aux titres, sous-titres et photos pour en comprendre le thème.

1 Was steht in der Zeitung?

→ Manuel p. 92

Schreib mit den gegebenen Wörtern Sätze in die Tabelle.
gestern – der Kandidat Alex Mender – gewonnen – letzte Woche – hat – heute – das William-Team – hat – neue Rennwagen – getestet – hat – das Casting – das DSDS-Finale – für Kai Wessels neuen Film – angefangen.

	Was ist passiert?	Wo?	Wann?
TV-SUPERSTAR Mender: „Ich habe es geschafft!"			
FORMEL 1 **Williams-Team** **auf dem Nürburgring**			
FILM-CASTING Wer bekommt die Hauptrolle?			

Was meinst du? Was ist vielleicht passiert?

....

....

2 Und zu Hause bei Fabian?

→ Manuel p. 92

Hör dir die Nachricht auf dem Anrufbeantworter an und füll die Lücken im Text aus.

Fabian ist heute Nachmittag nach .... gefahren und hat bei einem

.... für Kai Wessels neuen Film mitgemacht und ihn haben sie

.... Er wird im neuen Film von Kai Wessel ....

3 Ein voller Tag!

Wo war Elke heute? Was hat sie gemacht? Wann?

Am Vormittag: ....

Zu Mittag: ....

Am Nachmittag: ....

....

Zwischenstation → Manuel p. 93

■ Was ich am Wochenende gemacht habe

Schreib eine E-Mail an deinen deutschen Brieffreund / deine deutsche Brieffreundin.

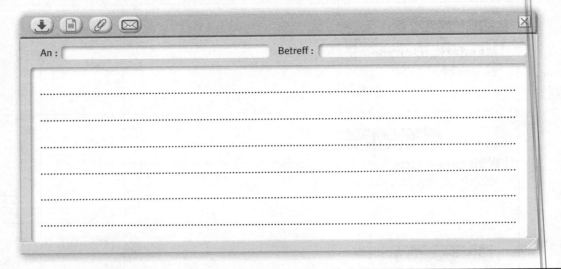

An : _____   Betreff : _____

....
....
....
....
....
....

Sprechtraining → Manuel p. 92

■ [eː] ou [ɛ]

1. Tu vas entendre 10 mots. Entends-tu le son [eː] ou le son [ɛ] ? Coche la bonne réponse.

	[eː]	[ɛ]		[eː]	[ɛ]
gestern			helfen		
Elke			Lehrer		
zehn			zuletzt		
Rennwagen			Eltern		
mehr			Problem		

2. Réécoute ces mots et répète-les correctement.

Sprache aktiv Station 3

xercice 1 Le commissaire Braun a interrogé Rudi Ruder, accusé du vol d'un tableau chez sa voisine. Complète la transcription de l'interrogatoire par l'auxiliaire *sein* ou *haben*.

Kommissar Braun: Was .... Sie heute gemacht, Herr Ruder?

Rudi Ruder: Wie jeden Tag, Herr Kommissar. Ich .... um 8 Uhr aufgestanden, ich .... dann gefrühstückt und Radio gehört. Um halb 9 .... ich dann unter die Dusche gegangen. Ich war um zehn vor neun fertig.

Kommissar Braun: Herr Ruder, Sie .... erklärt, dass Sie um 9 Uhr zur Arbeit gefahren .... Das stimmt nicht, Ihr Auto ist kaputt. Mein Kollege .... es getestet.

Rudi Ruder: Ich .... nicht mit dem Auto gefahren, ich .... den Bus genommen.

Kommissar Braun: Das stimmt nicht, die Busse der Linie 43 .... an diesem Tag nicht gefahren. Herr Ruder, Sie .... nicht um 9 Uhr zur Arbeit gefahren, Sie .... zu ihrer Nachbarin Susanne gegangen. Sie hatten den Hausschlüssel. Susanne war nicht da. Sie .... das Gemälde genommen und .... dann nach Hause gegangen. Wo ist jetzt das Gemälde?

Rudi Ruder: Ich .... es verkauft, Herr Kommissar.

xercice 2 Regarde les images et complète les bulles en conjuguant les verbes suivants au parfait : *reparieren – verstehen* – Rad fahren**.

Ich ....
30 Kilometer
....

Wie bitte? Können Sie wiederholen? Ich .... Sie nicht ....

Ihr Auto? Ich .... es noch nicht .... !

* Verbes forts (➜ **Manuel p. 130**)

Vokabeln aktiv

Exercice 1

Associe les verbes selon leur sens et formule ensuite des phrases au parfait selon le modèle.

suchen – kochen – verstehen – fragen

finden – erklären – antworten – essen

Exemple: *erklären /verstehen: Du hast erklärt, ich habe verstanden.*

....

....

....

....

Exercice 2

Beschreiben

Complète le schéma avec des expressions utiles pour décrire une personne (identité, qualités, physique, centres d'intérêt).

„Basics"
- heißen
- ....
- ....
- ....

Aussehen
- groß ≠ klein sein
- ....
- ....
- ....

Eigenschaften
- offen sein
- ....
- ....
- ....

Interessen
- gern Tennis spielen
- ....
- ....
- ....

Jetzt kannst du's!

1 · Na, wie war's?

→ Manuel p. 98

Une adolescente raconte à sa meilleure amie sa journée d'hier.

J'ai su comprendre :

Score

1. le déroulement de sa journée. ☐ 60%

2. la description physique de Stefan. ☐ 40%

MON SCORE

20% 40% 60% 80% 100%

☐ ☐ ☐ ☐ ☐

2 · Haben Sie ein Alibi?

→ Manuel p. 98

Regarde les notes du commissaire concernant deux suspects.

Herr Wiesel
1,62 m / 70 Kilo
- bis 14 Uhr im Büro
- 15 Uhr: Friseur
- Abendessen bei Freunden

Lars Riemann
1,84 m / 74 Kilo
- 10 Uhr: Tennis mit einem Freund
- Nachmittag: einkaufen
- Abend: Kino

J'ai su :

Score

1. établir leur portrait-robot. ☐ 50%

2. raconter leur journée d'hier. ☐ 50%

MON SCORE

20% 40% 60% 80% 100%

☐ ☐ ☐ ☐ ☐

3 Mitfahrer/In gesucht

→ Manuel p. 99

Lis le message suivant.

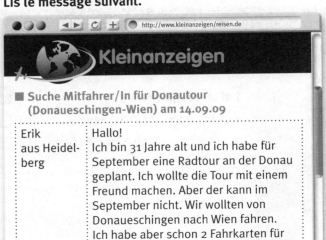

http://www.kleinanzeigen/reisen.de

Kleinanzeigen

■ Suche Mitfahrer/In für Donautour
(Donaueschingen-Wien) am 14.09.09

Erik aus Heidel-berg	Hallo! Ich bin 31 Jahre alt und ich habe für September eine Radtour an der Donau geplant. Ich wollte die Tour mit einem Freund machen. Aber der kann im September nicht. Wir wollten von Donaueschingen nach Wien fahren. Ich habe aber schon 2 Fahrkarten für Donaueschingen gekauft. Die Räder habe ich reserviert. Wer hat Lust, mitzufahren?

Score

J'ai su comprendre :

1. le projet d'Erik. ☐ 30%

2. le problème qu'il rencontre. ☐ 20%
☐ 30%

3. pourquoi il ne peut pas renoncer à son projet. ☐ 20%

4. la solution envisagée.

MON SCORE
20% 40% 60% 80% 100%
☐   ☐   ☐   ☐   ☐

4 Du bist der Journalist

→ Manuel p. 99

**Imagine que tu es journaliste pour un journal scolaire allemand.
Rédige un article à partir des notes de la page 99 du manuel.**

....

....

....

....

J'ai su :

Score

1. écrire un article de quelques lignes avec un titre, une introduction et un récit. ☐ 20%

2. écrire 3 phrases sur la préparation du voyage. ☐ 20%

3. écrire 3 phrases sur le séjour. ☐ 20%

4. intégrer à mon article l'avis de deux personnes sur le voyage. ☐ 40%

MON SCORE
20% 40% 60% 80% 100%
☐   ☐   ☐   ☐   ☐

KAPITEL 7 Und am Ende ...

Station 1

Tipp

→ Appuie-toi sur les répétitions pour comprendre la conversation.

1 Endlich Sommerferien!

→ Manuel p. 102

b. Hör dir den Dialog an und kreuze die richtige Antwort an.

1. Worüber sprechen Tim, Jonas, Antje und Karin?
☐ Antjes Geburtstag   ☐ die Sommerferien   ☐ die neue Theater-AG

2. Warum? Was wollen sie organisieren?
☐ eine Party im Hobbyraum   ☐ ein Picknick   ☐ eine Grillparty im Garten

3. Warum ist Karin traurig?
☐ Weil sie nicht kommen kann.   ☐ Weil die Theater-AG zu Ende ist.
☐ Weil sie nicht gut gespielt hat.

c. Was bringt jeder zu essen und zu trinken mit? Was notiert Tim?

Jonas:

Antje:

Tim:

Karin:

Hör gut zu. Was passt zusammen?

Würstchen •   • macht / machen weniger Arbeit

Nudelsalat •   • ist / sind billiger

Grillfleisch •   • ist / sind einfacher

Obstsalat •   • ist / sind gesünder

Éleve
iste 19

2 Zwei Rezepte

→ Manuel p. 103

a. Lies die beiden Rezepte (S. 103) und füll die Tabelle aus.

Wie viele ...	Zutaten?	Uhren?	Kochmützen?	Geldbeutel?
Kartoffelsalat				
Grillsalat				

b. Welche Adjektive passen deiner Meinung nach zu den Rezepten?

gut – fett – gesund – billig – einfach – lecker

Kartoffelsalat: ....

Grillsalat: ....

c. Vergleiche nun die beiden Rezepte.

Grillsalat ist billiger ....

....

Zwischenstation

→ Manuel p. 103

■ **Wir organisieren eine Party**

Ihr wollt eine Party organisieren. Wo wollt ihr euch treffen? Was wollt ihr essen und trinken? Was für Musik wollt ihr mitbringen? Hier sind ein paar Ideen.

Wie viele Personen?	Wo?	Essen?	Trinken?	Musik?
10 Personen? 15? 20?	In der Garage? Im Garten? Bei ....?	Chips? Pizza? Salate? Eis?	Limo? Cola? Orangensaft?	Rap? Rock? R'n'B?

BEISPIEL: – „Wo wollen wir die Party organisieren? Bei dir?"
– „Nein, bei Laura ist es lustiger, sie hat einen großen Garten!"

Macht weiter!

Sprechtraining

→ Manuel p. 102

■ **[ŋ] ou [ŋk]**

1. Tu vas entendre dix mots comportant le son [ŋ] comme dans *singen* ou [ŋk] comme dans *danke*. Coche selon le son que tu entends.

	1	2	3	4	5	6	7	8	9	10
[ŋ]										
[ŋk]										

2. Réécoute ces mots et répète-les correctement.

Sprache aktiv Station 1

Exercice 1 Chez Oma tout est mieux ! Sigrid écrit son journal intime. Complète-le en mettant les adjectifs proposés ci-dessous (dans l'ordre) au comparatif de supériorité.

spät – schön – groß – gut – warm – billig – gut – lustig

Samstag, den 18. Juli 2009

Ich bin gut angekommen, aber etwas .... als geplant, weil ich den Zug verpasst habe. So ein Stress!

Jetzt bin ich im Garten und ruhe mich aus. Unser Garten ist schön, aber Omas Garten ist viel ...., mit Blick auf die Berge. Und auch viel ....

Oma hat mir einen Apfelkuchen gebacken. Hier schmeckt wirklich alles ...., vielleicht weil Oma nur Bio-Produkte kauft.

Und nun das Wetter: Hier ist es viel ....! Morgen treffe ich mich mit meinen Freundinnen Chrissy und Lara, wir gehen dann ins Freibad. Die Eintrittskarte ist hier ...., sie kostet nur 2,50 Euro.

Das Leben in der Stadt gefällt mir gut, aber hier auf dem Lande gefällt es mir wirklich .... Vielleicht auch weil ich nicht zur Schule gehen muss. Das ist ja viel ....!

Exercice 2 Sigrid en vacances : compare les trois amies, leurs vêtements... Tu peux utiliser les adjectifs suivants : *groß, klein, schlank, alt, jung, kurz, lang, schön, modern*.

BEISPIEL: Sigrid ist kleiner als Chrissy ...

....

....

....

....

....

....

....

....

....

....

....

Sigrid   Chrissy   Lara

Station 2

Tipp

→ Quand tu lis un texte, repère bien ce qui te permet de situer les actions dans le temps : les éléments chronologiques (*zuerst*, *dann*...), les groupes prépositionnels...

1 **Schüleraustausch**

→ **Manuel p. 104**

Lies den Artikel aus dem Jahrbuch von einer Schule in Deutschland und füll die Tabelle aus.

Wo?	Die deutschen Schüler waren in ...		
Wann?	Sie waren dort vom ...	bis zum ...	
Wie? Reaktionen über ...	den Austausch	– –	
	die Aktivitäten	– – –	

a. Wann haben die deutschen Schüler das gemacht? Assoziiere!

am Montag •

am Donnerstagabend •

am Donnerstag •

am Samstagvormittag •

am Freitag, dem 11. •

am Mittwochnachmittag •

am Samstagnachmittag •

am Donnerstagnachmittag •

am Freitag, dem 18. •

am Mittwochvormittag •

• nach Deutschland zurückfahren

• picknicken

• Bowling spielen

• mit der Gastfamilie etwas unternehmen

• nach Paris fahren

• am Film-Projekt arbeiten

• in der Schule mit den Franzosen spielen

• in Chelles ankommen

• den Unterricht besuchen

• Leute filmen und interviewen

b. Was haben die Schüler am Dienstag gemacht? Bring die Aktivitäten in die richtige Reihenfolge. Nummeriere von 1 bis 3.

☐ eine Party machen   ☐ Kajak fahren   ☐ in der Schule sein

Rekapituliere.

1. Zuerst ....

2. Dann ....

3. Am Ende ....

3 Klassenfahrten

➔ Manuel p. 105

Hör dir die Interviews an. Wo waren die Schüler? Wie haben sie die Klassenfahrt gefunden? Kreuze an, was stimmt. Rechtfertige am Ende deine Antwort.

Interviews	Die Schüler waren ...			Sie haben die Klassenfahrt...		denn sie sagen:
	in Paris.	in Bayern.	in Österreich.	🙂 gefunden,	🙁 gefunden,	
1						
2						
3						
4						
5						
6						
7						

Sprechtraining

➔ Manuel p. 104

■ [b] ou [p], [d] ou [t], [g] ou [k]

1. Tu vas entendre 15 mots. Coche selon le son que tu entends.

	[b]	[p]
1.		
2.		
3.		
4.		
5.		

	[d]	[t]
6.		
7.		
8.		
9.		
10.		

	[g]	[k]
11.		
12.		
13.		
14.		
15.		

2. Réécoute ces mots et répète-les.

Sprache aktiv Station 2

Exercice ①

Fais une seule phrase à partir des deux énoncés proposés en utilisant les conjonctions de coordination *und, oder, aber, denn*.

a. Sie sind mit der Metro gefahren. Es hat geregnet.

....

b. Sie sind zum Kajakclub gefahren. Sie sind ins Schwimmbad gegangen.

....

c. Der Austausch war sehr schön. Die Schüler wollten nicht mehr nach Hause zurückfahren.

....

d. Ich war müde. Ich bin weiter Ski gelaufen.

....

e. Hast du dich amüsiert? Hat es keinen Spaß gemacht?

....

Exercice ②

Regarde les trois pancartes ci-dessous, puis complète les phrases suivantes qui informent les clients :

a. des modifications d'horaires d'ouverture de *Magic Flowers* en été.

Im Sommer ist unser Laden .... geöffnet.

Am Samstag ....

Am Sonntag ....

Wir sind .... geschlossen.

b. de la fermeture du deuxième magasin.

Wir machen .... Betriebsurlaub.

c. de la date de réouverture du troisième magasin.

Wir haben .... wieder offen.

magic Flowers

Öffnungszeiten im Sommer

Mo	geschlossen
Di – Fr	9.00 – 12.30 und 14.30 – 19.00
Sa	9.00 – 14.00
So	9.00 – 12.00

❶

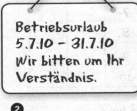

Betriebsurlaub
5.7.10 – 31.7.10
Wir bitten um Ihr
Verständnis.

❷

7. Juli 2010

Neueröffnung
Wir freuen uns auf Sie!

❸

Station 3

Tipp

Repère les indications de lieu dont parlent les personnages et associe-leur tous les détails que tu comprends.

Piste 20

1 Wohin geht die nächste Ferienreise?

→ Manuel p. 106

b. Hör dir den Dialog an.

• **Wohin würde Familie Schumann in den nächsten Ferien gern fahren?**

Frau Schumann möchte ... •

Anke würde lieber ... •

Christian würde lieber ... •

Der Vater würde gern ... •

• ... nach Afrika reisen.

• ... nach Ibiza (nach Spanien) fahren.

• ... ins Allgäu (nach Bayern) fahren.

• **Wohin geht die nächste Ferienreise im Endeffekt?**

In den nächsten Ferien fährt Familie Schumann ....

• **Was kann man dort machen?**

In Afrika kann man: – ....

In Spanien kann man: – ....

– ....

– ....

– ....

– ....

In Bayern kann man: – ....

– ....

– ....

• **Wie sind die Ferien dort?**

billig – interessant – lustig

In Afrika sind die Ferien bestimmt ....

In Spanien ....

In Bayern ....

Rekapituliere. Wohin würden die Eltern und die Kinder gern fahren? Warum?

Herr und Frau Schumann möchten .... fahren, weil ....

....

Anke würde lieber ....

Christian ....

3 Im Reisebüro

Lies folgende Liste.
Afrika – Argentinien – Ägypten – Ecuador – Finnland – Italien – Kenia – die Sahara – die Schweiz – die Türkei – die USA

a. Hör dir die Dialoge an. Wohin reisen die Leute?

Dialog 1. Frau Schluckenbier fliegt ....

Dialog 2. Herr Gramer fährt ....

Dialog 3. Herr Krämer ....

Dialog 4. Frau Doktor Broselow ....

b. Wohin würden die Leute gern reisen?

Dialog 5. Andrea würde gern ....

Dialog 6. Niklas würde gern ....

Zwischenstation   ➜ Manuel p. 107

■ Meine Ferienwünsche

Wohin würdest du gern reisen? Kreuze an.

☐ nach Algerien   ☐ nach Indien   ☐ nach Marokko   ☐ nach Kanada

☐ nach Australien   ☐ nach Indonesien   ☐ nach Dänemark   ☐ ....

☐ nach Brasilien   ☐ nach Japan   ☐ nach Portugal   ☐ ....

☐ in die USA   ☐ nach Kuba   ☐ in die Schweiz

☐ nach Griechenland   ☐ nach Madagaskar   ☐ nach Tunesien

Wann möchtest du dorthin? ☐ im Juli ☐ im August vom .... bis zum ....

Wo möchtest du schlafen?

☐ Im Hotel.   ☐ Auf dem Campingplatz.   ☐ In der Jugendherberge.

Sprechtraining   ➜ Manuel p. 106

■ [an] ou [aŋ]

1. Tu vas entendre 10 mots. Coche [an] ou [aŋ] selon le son que tu entends.

	[an]	[aŋ]		[an]	[aŋ]
1.			6.		
2.			7.		
3.			8.		
4.			9.		
5.			10.		

2. Réécoute ces mots et répète-les.

Sprache aktiv Station 3

Exercice 1 Monsieur Specht adore voyager. Regarde tous ses guides de voyage.

a. Indique où il a déjà voyagé.

Herr Specht war schon ....

....

....

....

....

b. Indique où il souhaiterait aller.

....

....

....

....

....

DA WAR ICH SCHON

ICH MÖCHTE DORTHIN REISEN

Frankreich
Deutschland
Österreich
Namibia
Schweiz
U.S.A.
Türkei
Spanien

Exercice 2 Lara est en classe, mais elle aimerait être ailleurs.

Choisis parmi les activités suivantes celles que Lara aimerait faire et rédige cinq phrases.

Ski laufen — Fußball spielen —
Hausaufgaben machen — den Eltern helfen
— in die Ferien fahren — in der Sonne
liegen — mit Freunden ins Kino gehen —
ein Eis essen — im Meer baden

1. Lara ....

2. ....

3. ....

4. ....

5. ....

Vokabeln aktiv

Rund um die Nahrungsmittel

Traduis les mots et complète la grille de mots croisés suivante.

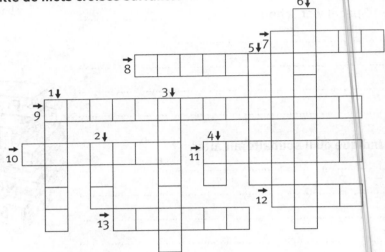

1 cuire
2 glace
3 viande
4 œuf
5 bon pour la santé
6 salade de pâtes
7 saucisse
8 bon marché
9 salade de pommes de terre
10 tranche
11 facile
12 sel
13 délicieux

Reisen – Projekte

Chasse l'intrus qui se cache dans chacune des familles de mots suivantes.

a. langweilig – lustig – froh – nett

b. reisen – fliegen – fahren – sich sonnen

c. wandern– tauchen – segeln – schwimmen

d. der Schüleraustausch – die Klassenfahrt – das Schulprojekt – die Ferien

e. ein Erfolg sein – Spaß machen – traurig sein – gefallen

f. Schweiz – Spanien – Namibia – Deutschland

g. kochen – grillen – essen – schneiden

h. Gurke – Pfirsich – Paprika – Zwiebel

In den Ferien

Écris un petit poème sur les vacances en t'inspirant du modèle ci-dessous.

Sommerferien	(1 mot)
Ich fahre	(2 mots)
in die Türkei.	(3 mots)
Dort möchte ich tauchen.	(4 mots)
Genial!	(1 mot)

1 Wie war die Klassenfahrt nach Istanbul? ➔ Manuel p. 112

Un groupe d'élèves allemands revient d'un échange avec une école en Turquie.
Kyra raconte à sa mère comment cela s'est passé.

J'ai su repérer :

Score

1. le programme du séjour. ☐ 40%

2. les impressions positives
des participants sur le séjour. ☐ 30%

3. les impressions négatives
des participants sur le séjour. ☐ 30%

MON SCORE

20% · 40% · 60% · 80% · 100%

☐ ☐ ☐ ☐ ☐

2 Was würdest du lieber essen? ➔ Manuel p. 112

Lis attentivement les deux menus.

Menü 1
10,80 €

Nudel-Brokkoligratin
oder
Ofenkartoffel und
kleiner Salatteller

Orangensaft
oder
Apfelschorle

Obstsalat

Menü 2
12,30 €

Currywurst mit
pikanter Soße
oder
Berliner Kartoffelsuppe
mit Würstchen

Cola
oder
Limonade

Vanille- und Erdbeereis

J'ai su :

Score

1. décrire le menu 1. ☐ 20%

2. décrire le menu 2. ☐ 20%

3. comparer leur composition. ☐ 20%

4. comparer leur prix. ☐ 20%

5. dire celui que je choisirais. ☐ 20%

MON SCORE

20% · 40% · 60% · 80% · 100%

☐ ☐ ☐ ☐ ☐

3 ...

Vom Reisebüro Red

→ Manuel p. 113

M. Wolf a contacté une agence de voyage. Lis la lettre qu'il a reçue.

Reisebüro Red
Emil-von-Behring Str. 83
60439 Frankfurt
Tel.: 0180-23 42 034

Frankfurt, 14.10.2009

Herrn C. Wolf
Karlstr. 72
63065 Offenbach

Sehr geehrter Herr Wolf,

anbei finden Sie unseren Katalog „Red Lateinamerika 2010". Wenn Sie in ein faszinierendes Land reisen möchten, sollten Sie nach Brasilien fliegen. Dort können Sie den legendären Karneval erleben, historische Städte besuchen und viele Tiere sehen. Chile könnte Sie auch interessieren. Sie möchten lieber an idyllischen Stränden entspannen und Tango lernen? Wir helfen Ihnen gern, Ihre Reise nach Argentinien zu organisieren.

Mit freundlichen Grüßen
Martina Fuchs (Reisebüro Red)

J'ai su indiquer :

Score

1. dans quels pays l'agence lui suggère de voyager. ☐ 30%

2. quelles activités sont proposées. ☐ 70%

MON SCORE 😞 20% ☐   🙁 40% ☐   😐 60% ☐   🙂 80% ☐   😊 100% ☐

4

Was wollt ihr Sonntag machen?

→ Manuel p. 113

Lis attentivement les propositions qui te sont faites pour organiser un dimanche avec tes amis, puis rédige une courte réponse pour indiquer tes préférences.

```
⬇ 📄 📎 ✉                    ✕
................................................
................................................
................................................
................................................
................................................
................................................
```

J'ai su :

Score

1. dire quelle activité je préfère pour chaque moment de la journée. ☐ 40%

2. justifier mes choix. ☐ 40%

3. dire quelle suggestion je préfère pour le déjeuner et pourquoi. ☐ 20%

MON SCORE 😞 20% ☐   🙁 40% ☐   😐 60% ☐   🙂 80% ☐   😊 100% ☐

96